Milas Ferientagebuch: Paris

BIANKA MINTE-KÖNIG

Milas Ferientagebuch: Paris

Planet Girl

1. TAG

SAMSTAG – ZIEMLICH FRÜH AM MORGEN

Na, klar! Jetzt denkt jeder, Mila ist eine richtige Weltenbummlerin geworden. Ständig auf Achse!
Stimmt ja auch irgendwie. Grade war ich im Sommer noch auf Mallorca und jetzt düse ich in den Herbstferien schon wieder nach … Paris. Ja, wirklich! PARIS! Wie krass ist das denn! Erst komme ich in meinem ganzen Leben kaum aus unserem Städtchen raus und jetzt sause ich durch die Welt, als würde ich zum Jetset gehören. Das will mir ehrlich gesagt noch gar nicht so richtig in den Kopf. Zumal es ja auch noch alles äußerst hippe Destinations sind: Mallorca und Paris. OMG!
Mir tut sich eine total neue Welt auf und Markus hat leider mal wieder das Nachsehen. Er muss erneut zwei Wochen auf mich verzichten … allein mit meiner Lieblingsfeindin Vanessa und ihren Freundinnen vom Reitklub auf dem Pferdehof. Der Arme ist echt zu bedauern. Aber Pferde, die brauchen nun mal regelmäßig Pflege, die kann man nicht so einfach stehen lassen und sich ein paar schöne Tage in Paris machen.

Superschade, aber ich fliege ja diesmal nicht alleine, denn Hanna kommt mit. Das heißt, eigentlich begleite ich Hanna ... als Anstandsdame! LoL!
Doch echt, und das kam so:

Eine Einladung nach Paris!

Hanna ist ja seit einiger Zeit mit Gerard zusammen. Der studiert in Potsdam Jura. Sie hat ihn beim Casting für »Eurostar«, einem coolen europäischen Jugendgesangswettbewerb, kennengelernt. Ich glaube, sie hat sich damals schon schwer in ihn verliebt. Als sie ausgeschieden ist, da haben sie sich aus den Augen verloren ... und ... wie das Leben manchmal so spielt ... zufällig in Berlin wiedergefunden. Tja – und da ist die Liebe zwischen den beiden voll ausgebrochen ... Oh Mann, das war sooo romantisch. Äh, ja, aber was ich eigentlich sagen wollte: Gerard ist Franzose. Sein Vater, dessen Kanzlei er mal übernehmen soll, ist Anwalt in Paris und da lebt auch der Rest seiner Familie.

Okay, ich will nicht zu sehr abschweifen. Dazu habe ich grade auch gar keine Zeit. Also kurz und gut: Gerard hat Hanna in den Herbstferien nach Paris eingeladen, um sie seiner Familie endlich mal vorzustellen. Hanna war total aus dem Häuschen und schwebte happy auf einer rosa Wolke durch die Gegend. Tja, bis ihre Mutter dazwischenfunkte. Die ist nämlich absolut pingelig, was Jungs angeht, und glaubt ständig, Hanna würde sie zur Oma machen, wenn sie einen Typen auch nur ansieht. Klar, dass sie die Einladung überhaupt nicht gut fand. Viel zu gefährlich! Und nachdem Hanna sich so extrem weggefreut hatte, war sie nun total mit den Nerven am Ende.

»Gerard wird ganz furchtbar enttäuscht sein«, meinte sie grottentief traurig. »So eine Einladung kann man doch nicht ausschlagen, das ist völlig unhöflich. Er wird mich hassen!«

»Tja, Hanna«, sagte ich ebenfalls frustriert, weil es mir für sie so leidtat, »da kann man wohl nichts machen. Ohne die Erlaubnis deiner Eltern geht es nicht ...«

Doch dann kam mir, wie so häufig, ganz spontan eine Idee. Einfach so aus dem Bauch heraus.

»Und wenn ich mitfahre? Sozusagen als Aufpasserin?«

Hannas trauriger Gesichtsausdruck wurde noch eine Spur depressiver, weil sie mich offensichtlich nicht verstanden hatte und dachte, ich würde auf ihre Kosten einen albernen Witz machen. Aber ich meinte es ernst.

»Das ist kein Spaß, Hanna. Ehrlich. Ich komme einfach als deine Anstandsdame mit. Deine persönliche Gouvernante. Na? Wie klingt das?«

»Bescheuert«, sagte Hanna trocken und zeigte mir einen Vogel. »Du glaubst doch nicht wirklich, dass du dich als Anstandsdame eignest? Meine Mutter wird denken, wir würden den Teufel mit dem Beelzebub austreiben wollen. Die wird dir kein Stück mehr über den Weg trauen als mir.«

Mit dieser Einschätzung ihrer Mutter lag Hanna natürlich vollkommen richtig. Aber so schnell wollte ich nicht aufgeben.

»Du rufst jetzt erst mal bei Gerard an, bedankst dich für die Einladung und dann erklärst du ihm die Sache und fragst, ob ich nicht mitkommen kann.«

»Ich weiß nicht, klingt das nicht ein bisschen unverschämt?«

Meine Güte, nun dachte sie aber sehr kleinkariert.

»Willst du nun zu ihm nach Paris, oder nicht? Fragen kostet ja wohl nichts. Wenn's nicht geht, geht es eben nicht, aber dann hast du ihm wenigstens gezeigt, dass du alles versucht hast, um seine Einladung anzunehmen.«

Das sah Hanna nun endlich ein, und während sie sich das Handy ans Ohr klemmte, rief ich meine Mutter an, um von der schon mal vorsorglich die Erlaubnis zu erbitten. Na ja, »erbetteln« hätte es besser getroffen, denn auch sie war sofort dagegen. Allerdings nicht aus moralischen Gründen wie Hannas Mutter, sondern aus finanziellen.

»Das ist viel zu teuer«, meinte sie, »der Frisiersalon läuft im Moment mal wieder gar nicht so gut, da sind solche Extravaganzen leider nicht drin.«

»Aber du fliegst doch auch ständig nach Paris.«

»Beruflich, Mila-Maus, rein beruflich zu Fortbildungen und selbst das kann ich mir in diesem Herbst nicht leisten … tut mir wirklich leid.«

Plopp! Schillernde Urlaubsseifenblase zerplatzt. Merde! Wenn ich schon nicht hinkann, will ich wenigstens fluchen wie die Pariser.

Die Sache war besonders blöd, weil Hanna nämlich gerade freudestrahlend ihr Telefonat mit Gerard beendete und verkündete: »Ist gebongt. Seine Eltern haben nichts dagegen, wir können zusammen ein Gästezimmer bewohnen.« Sie grinste. »Damit müsste doch auch für meine Mutter der Anstand gewahrt sein. Gerards Mutter ruft heute Abend mal bei ihr an deswegen. Ich glaube kaum, dass sie dann noch Nein sagt.«

Leider konnte ich in ihre Freude nicht einstimmen, sondern musste ihr gestehen: »Aber ich kann nicht mitkommen, Hanna. Tut mir echt leid, meine Mutter hat gesagt, wir können es uns im Augenblick leider nicht leisten ...«

»Och, nee! Sag, dass das nicht wahr ist. Das muss doch irgendwie gehen. Und wenn du deinen Vater mal fragst?«, machte Hanna schließlich einen Vorschlag, der mich etwas in eine Zwickmühle brachte. Er machte mir so schon immer reichlich Geschenke zum Geburtstag und zu anderen Festtagen und zeigte sich auch sonst sehr großzügig. Deswegen ging es gar nicht, ihn auch noch um Geld anzuhauen.

»Nee, Hanna, wirklich, so gerne ich auch mitkommen würde, den kann ich nicht wegen Geld fragen. Das würde zu unverschämt rüberkommen.«

»Aber warum nicht? Ich hatte bisher immer das Gefühl, dass er sich jedes Mal selber riesig freut, wenn er dir eine Freude machen kann.«

Das hatte sie in der Tat richtig beobachtet. Vielleicht hatte Hanna ja recht, und er würde mir wirklich gerne den Trip nach Paris spendieren. Na gut, rief ich meinen Vater halt an, aber nur, weil ich nicht schuld daran sein wollte, wenn meinetwegen womöglich Hannas Liebe zerbrach.

»Nein, Mila, das können wir wirklich nicht verantworten …«, meinte mein Dad, als ich ihm am Telefon stotternd die Lage erklärte. Und das Wunder geschah!

»Ich bezahle dir die Fahrt natürlich gerne und ein kleines Taschengeld ist sicher auch noch drin …«

Das Herz quoll mir vor Freude über. »Danke, danke, danke … du … du bist der beste Vater der Welt!«

Gerards Mutter hatte inzwischen auch mit Hannas Mutter gesprochen oder besser geradebrecht, denn sie sprach kein Französisch und seine Mutter kaum Deutsch, aber irgendwie waren sie dann doch auf einen Nenner gekommen und die Sache war verabredet. Woran man sieht, dass es von Frau zu Frau doch meistens ganz gut läuft.

Hanna und ich waren also total glücklich und berichteten Kati freudestrahlend von unserem bevorstehenden Abenteuer.

»Oh Mann«, sagte sie direkt ein bisschen neidisch, »da würde ich auch gerne mal hinfahren. Paris soll ja soooo cool sein!«

Tja und so kann es jetzt also losgehen. Auf zu den ultimativ aufregendsten Herbstferien in Milas Leben. Darum muss ich mein Tagebuch jetzt schnell zumachen und es nur noch in meine Reisetasche stecken. Der Koffer steht schon gepackt unten im Flur, und gleich kommt Hannas Vater und fährt uns zum Flughafen. Ich bin total nervös ... genauso nervös wie damals, als ich zu dem Schreibworkshop nach Mallorca geflogen bin.
Aber es wird bestimmt genauso toll.

SAMSTAGNACHMITTAG
samedi – après-midi

Bonjour Paris!
Oha! Das war ja vielleicht ein Flug.

Ich bin jetzt noch ganz durchgerüttelt. Wir sind voll durch eine Gewitterfront geflogen ... ich glaube, der Himmel über ganz Europa war schwarz wie die Nacht. Aber der Pilot hat das echt super gemacht. Ein Franzose, der hat sich mitten in einer Turbulenz ganz eiskalt aus dem Cockpit gemeldet und gemeint, dass wir jetzt mal ein bisschen Achterbahn fahren würden ... Witzbold!

Da stehe ich nicht wirklich drauf und Hanna mit ihrer Höhenangst ja noch viel weniger. Sie umklammerte die knappe Stunde, die der Flug dauerte, krampfhaft mit ihrer einen Hand meine Linke und mit ihrer anderen die Spucktüte. Aber sie hat dann doch nicht speien müssen.

Dennoch waren wir wohl alle beide etwas grünlich im Gesicht, als wir an der Gepäckausgabe auf unsere Koffer warteten. Besonders die Landung hatte es nämlich noch mal in sich. Als der Flieger direkt über der Autobahn niederging, dachte ich, dass wir jetzt echt die Landebahn verpassen. Haben wir dann aber doch nicht.

Die Franzosen bauen schon krasse Airports. Und beim Flughafen Charles de Gaulle starten und landen die Flieger wirklich auf einer Landebahn, die direkt über die Autobahn A1 führt. Meine Güte, da ist mir das Herz aber ganz schön ins Höschen gerutscht.

Na ja, danach standen wir also erst mal etwas von der Rolle an der Gepäckausgabe, waren andererseits aber auch sehr erleichtert, es geschafft zu haben. Und kaum hatten wir unsere Taschen in der Hand und strebten dem Ausgang zu, da stellte sich auch schon das ultimative Ferienfeeling ein. Wir fielen uns spontan in die Arme und ich musste ein paarmal hüpfen, einfach um die überschüssige Energie abzubauen. Sonst wäre ich vor Freude geplatzt.

»Hanna, ich bin dir ja so was von dankbar!«

»Und ich dir erst, Mila! Das wird soooo toll hier!«

Und als wir dann Gerard am Ausgang entdeckten, da wussten wir, dass wir eine ganz großartige Zeit vor uns hatten.

Jetzt sitze ich in dem hübschesten Gästezimmer, das man sich vorstellen kann, an einem zauberhaften antiken Sekretär aus hellem, poliertem Holz, Kirschbaum oder so, und habe mein geliebtes Sudelbuch vor mir liegen. Seit dem Schreibworkshop auf Mallorca nehme ich das überall mit hin. Das war ein wirklich guter Tipp von Kursleiter Helge. So kann ich immer gleich alles aufschreiben, was ich erlebt habe und worüber ich nachdenke. Wie ein Tagebuch … aber doch noch ein bisschen mehr … eine Materialsammlung für meinen ganz, ganz großen Bestseller. Den ultimativen Schicksalsroman. Und wo könnte der besser spielen als in Paris! Ich werde jedenfalls Augen und Ohren offenhalten und alles mitnehmen … also bildlich gesprochen … alles in mich reinsaugen, was ich hier an tollen Erfahrungen machen kann.
OMG – Mila ist in der Stadt der LIEBE!!!

Gut, ich komme dann mal wieder zurück auf den Boden der Tatsachen. Der Koffer ist ausgepackt, und ich kann mich ein wenig von dem Flug erholen. Das brauche ich auch, und Hanna muss natürlich jetzt erst mal ein bisschen Zeit für Gerard haben, ohne mich als »Anstandsdame« im Nacken! Ich wette, die knutschen sich grade in den siebten Himmel. Ich kann also diesen Moment der Ruhe nutzen, um meine Erlebnisse aufzuschreiben. Perfekt!

Das Zimmer könnte man als »typisch französisch« beschreiben. Die Wände sind altrosa und hellgrün gestrichen, das wäre nicht so spontan meine Farbmischung, aber zusammen mit den antiken Kirschbaummöbeln sieht es sehr schön nostalgisch aus. Gibt einem gleich so ein Gefühl, als würde man in eine andere Epoche eintauchen. Etwa in jene Zeit, als die Damen noch riesige Hüte trugen und lange Kleider mit Krinolinen, die Haare zu kunstvollen Gebilden aufgetürmt …
Welche hübsche Mademoiselle mochte wohl an diesem Sekretär ihrem Liebsten schmachtende Liebesbriefe geschrieben haben? Heimlich natürlich, denn es war garantiert eine Liaison, die von den strengen Eltern nicht gutgeheißen wurde und daher bestimmt tragisch endete.
Nun ja. Ich fantasiere schon wieder herum, als wäre das hier ein Schreibworkshop. Ist es aber nicht, sondern ein ganz relaxter Cityurlaub – in allererster Linie zum Genießen. Jawoll!

Ankunft in Paris

Gerard holte uns mit dem Auto am Airport Charles de Gaulle im Norden von Paris ab. Er fuhr einen kleinen Peugeot, der einige Beulen in der Karosserie hatte. Als er meinen besorgten Blick sah, grinste er ein wenig ironisch.

»Kein Angst, Mila, aber an die Anblick gewöhnst du dich am besten gleich. Blechschäden sind hier an die Tagesordnung. Die Beulen habe übrigens nicht ich reingefahren. Der Peugeot ist unsere Familienauto, wer ihn braucht, nimmt ihn. Meistens wir fahren mit die Met, das ist viel schneller. Die Beulen kommen einfach so in die Auto. Du parkst irgendwo an die Straßenrand, und wenn du kommst wieder, die Spiegel ist ab oder ein Delle ist drin. C'est la vie! Deswegen niemand hier ruft die Polizei, das würde in die engen Einbahnstraßen den Verkehr aufhalten und alles würde zusammenbrechen.«

Ich musste innerlich darüber lächeln, wie sachlich er das erzählte. Und der Junge studierte Jura! Bei uns wären das doch sofort Fahrerfluchtdelikte.

Als ich das sagte, lachte er. »No, no, no, das ist hier so nicht ... Paris hat seine eigenen Gesetze, das ihr werdet sehr schnell merken.«

Na, wenn er meinte, er war der Jurist, nicht ich.

Sein Deutsch ist übrigens inzwischen fast perfekt. Nur manchmal verhaucht er das H und die Endungen noch auf diese typisch französische Art oder wählt eine etwas ungewöhnliche Satzstellung. Wenn er schnell spricht, hapert es noch mit den Artikeln. Aber das stört unsere Verständigung überhaupt nicht.

Mein Französisch ist jedenfalls sehr viel schlechter, obwohl ich es nun schon das dritte Jahr an der Schule zu lernen versuche. Hanna ist besser, aber sie bekommt ja auch bei Gerard sozusagen zusätzlichen Privatunterricht.

Ich bin mal gespannt, wie die Kommunikation mit

Gerards Familie klappt. Davor graut mir ehrlich gesagt ein wenig, denn Gerard kann ja nicht immer den Dolmetscher machen … nun gut, wird schon schiefgehen.

Die Fahrt war dann aber ganz easy, eigentlich ging es nur kurz über die Autobahn und dann ein paar große Boulevards hinunter immer nach Südwesten.

»Wir wohnen ganz in die Nähe des Jardin du Luxembourg«, erklärte Gerard. »So ziemlich in gleiche Entfernung zu die Palais de Justice, wo mein Vater ist als Anwalt tätig, und zu die Sorbonne, da studiert mein Bruder Philippe. Die Wohngegend ist recht gut und vor allem in die Nähe von viele reizvolle Straßen mit Geschäften und Lokalen. Ihr es werdet sehen, wenn wir heute Abend … wie sagt man … bummelen gehen.«

»Bummeln«, korrigierte Hanna rein routinemäßig und man sah ihr die Vorfreude an der Nasenspitze an.

Die Wohnung der Familie Lezard ist übrigens sensationell. Auf den ersten Blick wirkt das Haus wie alle anderen drum herum nicht wahnsinnig spektakulär, doch sehr bürgerlich solide.
»Es ist aus dem 18. Jahrhundert«, erklärte Gerard, »aber mehrfach es wurde renoviert.«
Zuletzt vermutlich vor gar nicht allzu langer Zeit, denn es ist top in Schuss. Fast alle Fenster haben win-

zige Balkone mit einem schmiedeeisernen Gitter, das sieht sehr dekorativ an der Fassade aus und vermittelt sofort typisches Pariser Flair.
In der unteren Etage hat Gerards Vater seine Anwaltskanzlei, worauf ein sehr dezentes Schild hinweist, aus dem für mich hervorging, dass die Familie Lezard wohl schon seit mehreren Generationen hier wohnt und tätig ist. Die Wohnung selbst befindet sich in der Beletage, was bei uns das Hochparterre, na ja, fast der erste Stock, ist. Ehrlich gesagt ist die Wohnung riesig, zum Verlaufen.

Einzug bei den Lezards

Weil wir relativ schwere Koffer hatten, schwebten wir mit dem Fahrstuhl hinauf.

Erst mal traten wir in ein großes, edel möbliertes Entrée, von dem mehrere Türen in angrenzende Räume führten. Alle rein weiß. Eine zweiflügelige Tür stand offen, und ich vermutete, dass dahinter wohl das Wohnzimmer lag. Stimmte.

»Das Séjour«, sagte Gerard und deutete hinüber, »wollt ihr einen Blick werfen hinein?« Wir stellten unser Gepäck in der Eingangsdiele ab und traten etwas verschüchtert in das Wohnzimmer. Äh ja, »Zimmer« ist wohl etwas untertrieben, es war eher ein Saal ... zwei große separate Sitzgruppen befanden sich darin, eine davon im hinteren Teil des Raumes vor einem eindrucksvollen Kamin platziert. Sehr modern. Eine Seite des Raumes wurde komplett von einer Bücherwand mit beachtlichen

Wälzern eingenommen. Belesene Leute offensichtlich. Vom Wohnzimmer durch drei Säulen abgegrenzt, befand sich ein offenes Esszimmer, der Salle à manger. Dessen Zentrum bildete ein riesiger Tisch, an dem mindestens zehn Personen Platz fanden. Von dort aus konnte man in die Küche weitergehen oder wieder zurück in das Entrée. Wow, einfach nur toll!

Gerard nahm nun Hannas Koffer und führte uns rechter Hand durch eine Tür. Überraschenderweise gelangten wir aber nicht in ein weiteres Zimmer, sondern in einen länglichen Flur, von dem links und rechts noch mehr Räume abgingen.

Gleich vorne lagen nebeneinander die beiden Gästezimmer, daran anschließend ein großes Bad.

Gerard wies auf zwei gegenüberliegende Türen. »Hier wohne ich, und da hinten mein Bruder Philippe und meine jüngere Schwester Émilie. Die Tür am Ende von diese Flur führt in die Privatbereich von meine Eltern. Sie dort haben ihr Schlaf- und Ankleidezimmer und ihr eigenes Bad.« Er grinste. »So ihr müsst euch nur mit mir und meine Geschwister um das Bad auf diese Flur prügeln. Eine extra WC liegt übrigens im Entrée, wenn es jemand mal sollte eilig haben.«

Ich sagte gar nichts, denn mir hatte diese Etage einfach die Sprache verschlagen.

Ich war also schon vollkommen überwältigt, als Gerard das erste Gästezimmer öffnete. Beim Anblick der hübschen Einrichtung fehlten mir erst mal die Worte. Schluck!

»Und?«, fragte Gerard. »Gefällt es dir, Mila? Du kannst es ganz alleine bewohnen, denn Émilies Freundin, die eigentlich kommen wollte, musste absagen, und so wir haben jetzt zwei Zimmer frei.«

»Für mich? Für mich ganz alleine? Ehrlich? Und da fragst du noch, ob es mir gefällt? Es ist soooo toll!«

Ich ging rein und warf meinen Koffer auf das Bett, auf dem eine hübsche Tagesdecke lag. Meins, dachte ich dabei und nahm es sofort in Besitz. So musste das sein. Tausendmal besser als in jedem Fünf-Sterne-Hotel.

Hanna erhielt das Zimmer direkt neben mir. Es lag dem von Gerard unmittelbar gegenüber und war etwas größer als meins. Die Ausstattung war aber ähnlich, allerdings in Blautönen gehalten.

Gerard zeigte uns noch das Badezimmer und meinte dann: »Macht euch ein bisschen frisch und packt eure Sachen aus. Dann wir trinken eine Tee und besprechen, was wir machen mit die abgebrochene Tag.«

»Dem angebrochenen Tag«, korrigierte Hanna routinemäßig und Gerard lachte.

»Dem angebrochene Tag, ja, ja, mein kleine Privatlehrerin.«

Eine halbe Stunde später klopfte es an meine Zimmertür. Es war Hanna – sie war genauso überwältigt wie ich. Keine von uns hatte sich träumen lassen, dass Gerard aus so ausgesprochen gutbürgerlichen Pariser Verhältnissen stammte.

»Er hat gesagt, dass er mal die Kanzlei seines Vaters übernehmen soll, aber da denkt einer doch nicht gleich an eine uralte Juristentradition ... Obwohl, so wie er von seinem Vater spricht, das zeigt ziemlich viel Respekt.«

»Dann ist es ja ganz schön mutig von ihm, dass er dich hierher eingeladen hat und seiner Familie vorstellt«, sagte ich.

Hanna sah mich mit einem fragenden Blick an. »Was ist daran mutig? Glaubst du, ich bin als Klempner-Tochter nicht vorzeigbar in diesen Kreisen?«

Oh Mann, da hatte ich mich aber mal wieder verplappert ... jedenfalls sehr ungeschickt ausgedrückt ... Warum stolperte ich nur immer über meine flinke Zunge? Ich kann doch denken, warum tat ich es so selten, bevor ich redete?

»Nee, nein, auf keinen Fall«, korrigierte ich also meinen Ausrutscher, »... ich ... ich wollte nur sagen, dass Gerard dich total lieben muss, wenn er dich seiner Familie vorstellt ... also mich gleich mit ...« Hm, wurde nicht besser!

Ach, merde! Ich war einfach erschöpft vom Flug und überwältigt von dem Luxus hier und ... ja ... ich hatte Hunger! Und wenn ich Hunger habe, dann geht bei mir nichts mehr ... also im Kopf ... nur noch Bauch – die ganze Mila. Deshalb gestand ich ganz ehrlich ein: »Hanna, ist alles toll, ganz easy, aber ich habe total den Schmacht ... ich muss dringend was zwischen die Kiemen kriegen ... ich ... äh ... bin sonst völlig unterzuckert oder so ...«

Hanna kicherte. »Alles klar, ein kleiner Imbiss könnte mir auch nicht schaden. Komm, gehen wir mal in den Séjour und schauen, was mit dem Tee ist. Vielleicht gibt es ja dazu was zu knabbern.«

Gab es natürlich. Auf einer Platte waren allerlei Köstlichkeiten angeordnet, Fingerfood vom Feinsten, süß, sauer und salzig. Pastetchen jeder Art und kleine Törtchen mit Obst oder verführerischer Cremefüllung und – daran konnte ich ja nun überhaupt nicht vorbeigehen – Éclairs! Mir lief das Wasser im Mund zusammen, als ich die sah. Und auch Hanna griff bei denen zuerst zu.

Das gefiel Gerard offensichtlich, denn er meinte grinsend: »Wie die heißen noch auf Deutsch?«

Und nahezu gleichzeitig antworteten Hanna und ich: »Liebesknochen!«

Wenn das kein gutes Omen war.

SPÄTER ABEND, EHER SCHON NACHT
soir/nuit

Oh Mann, einen kleinen Bummel wollte Gerard mit uns machen, da war es später Nachmittag und dann hat er uns stundenlang durch die Gegend geschleppt. Na ja, die meiste Zeit waren wir im Park oder haben gegessen ... okay, der Reihe nach!

Erster Bummel in Paris

Nach einer ausgiebigen Teepause, bei der uns Gerard erklärt hatte, dass der Rest seiner Familie wohl heute erst sehr spät nach Hause kommen würde, machten wir uns zu einem kleinen Bummel in die Umgebung auf.

Ein bisschen Beine vertreten war jetzt wirklich eine gute Idee. Wir waren kaum mehr als fünf Minuten gelaufen, als wir an einem Park ankamen, in dem ein palastartiges Gebäude lag. Vom Baustil her erinnerte es mich ein bisschen an Schloss Sanssouci in Potsdam, war aber nicht ganz so goldglänzend.

»Le Palais du Luxembourg«, stellte Gerard vor und ich hatte schon Sorge, dass er uns da gleich zu einer Besichtigungstour reinschleifen wollte. Tat er aber Gott sei Dank nicht, sondern führte uns daran vorbei zu einem großartigen achteckigen Teich, aus dessen Mitte eine Fontäne aufstieg. Viele Menschen, hauptsächlich Väter mit ihren Söhnen, standen dort und ließen ferngesteuerte Elektroboote darauf herumdüsen.

»Der Jardin du Luxembourg ist eine von die schönste Parks von Paris«, sagte Gerard. »Wir hier gehen sehr oft spazieren und wenn du magst, Hanna, wir können hier joggen in die Morgen.«

»Klar, das machen wir«, stimmte Hanna sofort zu und ich beschloss, mich den beiden gelegentlich anzuschließen.

Der Park war wirklich sehr schön und gepflegt

und die Wege waren ideal zum Laufen. An einigen Stellen standen Liegestühle; wir schnappten uns die ersten, die frei wurden, fläzten uns hinein und schauten eine Weile entspannt den Spaziergängern und ihren Kindern zu. Wie herrlich, eine solche Oase mitten in einer derart riesigen Metropole!

»Da wohnt ihr aber wirklich sehr privilegiert«, sagte ich aus diesem Gedanken heraus zu Gerard. Der nickte.

»Ja, mein Eltern haben schon gelegentlich überlegt, ob wir nicht brauchen ein größere Wohnung, aber es einfach ist das Beste für uns, hier zu leben. Mein Vater hat sein Kanzlei und es ist nicht weit für ihn zum Palais de Justice und mein Geschwister haben die Université und ihr Lycée auch ganz in die Nähe. Und für uns junge Leute ist die Rive gauche, also die linke Ufer der Seine, ideal.«

Und mit viel Begeisterung in der Stimme erklärte er: »Hier findet ihr noch wirkliche Künstler, die in kleine feine Galerien ausstellen und ihre Ateliers in die Hinterhöfe haben und dort arbeiten, in Klubs und Kneipen Musik machen … Bücher lesen und selber schreiben …«

»Aber ich dachte, Montmartre wäre das Künstlerviertel von Paris«, sagte ich wohl reichlich naiv, denn Gerard lachte.

»Oh, Mila, das sich denkt jede Tourist. Alle strömen dahin und sind dann enttäuscht, weil sie dort nämlich nur werden abgezockt von Geschäftemachern. Montmartre ist schon lange kein Gegend mehr für richtige Künstler. Viele heute leben im Gebiet der ehemaligen Markthallen um das Centre Pompidou … und eben hier …«

Er stand auf. »Wenn du mich fragst, findet ihr hier die beste Mix aus Pariser Bürgern, Intellektuellen und Künstlern aller Art. Aber was ich rede, seht es euch selber an.«

Ich erhob mich ebenfalls und wir schlenderten noch ein Stück durch den Park. Vorbei an Rondellen mit spät blühenden Rosen und durch eine Platanenallee, die Kinder auf Eseln rauf- und runterritten.

»Wollt ihr auch?«, fragte Gerard. »Es macht Spaß.«

Ich konnte mich bremsen – wenn's Mila zu wohl geht, reitet sie auf einem Esel? Nee, auf keinen Fall! Ich habe eine tief verwurzelte Skepsis gegen Huftiere, obwohl oder gerade weil mein Freund Markus von einem Reiterhof stammt. Aber das ist eine andere Geschichte und gehört nicht hierher.

Interessant fand ich, dass beim Eselreiten hauptsächlich Mütter mit Mädchen anstanden. Offensichtlich die Frauen der Männer, die am Teich mit ihren Söhnen Boote fahren ließen. Hm … was wollte mir das sagen? Sah nach verdammt traditioneller Rollenverteilung aus. Mädchen – Tiere, Jungs – Technik.

»Ist das hier so?«, fragte ich Gerard.

»Das man nicht kann sagen so allgemein. Schau

dir die Leute an ... es ist immer ein Frage der Herkunft ... Aber ein bisschen es stimmt, dass französische Mädchen werden erzogen sehr weiblich ...« Er grinste zu Hanna rüber.

Die zuckte die Schultern und ließ die Sache unkommentiert.

Im Quartier Latin

Wir verließen den schönen Park durch ein prächtiges, goldverziertes schmiedeeisernes Tor und erreichten nahezu unmittelbar den berühmten Boulevard Saint-Michel.

Oh, da war aber ein mächtiger Touristenauftrieb. Vor allem Jugendliche in mehr oder weniger großen Gruppen wälzten sich an den Boutiquen, Fast-Food-Ketten und Libre-Service-Restaurants entlang. Manche ganz offensichtlich auf Kursfahrt. Ehrlich gesagt, wirkte alles etwas schmuddelig auf mich. Auch Hanna hatte wohl was anderes erwartet.

Gerard bemerkte unsere Enttäuschung natürlich sofort. »Ja, das ist die andere Seite von Paris. Damit wir müssen leben. Einige traditionelle Quartiere werden einfach komplett überschwemmt vom Tourismus ... und ...«, er klang ein bisschen traurig, als er das sagte, »... und verlieren dabei eine große Teil von ihre Charakter.«

Ich schaute den Boul' Mich' runter und musste ihm leider recht geben; was ich sah, enttäuschte mich wirklich: Eine billige Imbisskette klebte da an der anderen und beim Blick in die Geschäfte merkte man sofort, dass das Warenangebot auf schnellen Umsatz bei nicht besonders zahlungskräftigen Kunden abzielte. Pauschaltouristen, Schüler auf Klassenfahrt … letztlich so, wie ich es an den Strandpromenaden auf Mallorca auch erlebt hatte. Es war wohl überall dasselbe, wo Touristen in Scharen einfielen. Schade.

Womit ich nicht sagen will, dass ich mir nicht auch ab und zu gerne mal einen Burger in den Rachen schiebe. Muss aber nicht grade in Paris sein. Denke ich mal so.

»Kommt«, sagte Gerard jedoch gleich wieder gut gelaunt. »Ich euch zeige, wo der Pariser hingeht.« Er zog uns, nachdem wir den Boul' Mich' überquert hatten, in eine kleine Nebenstraße. Nach wenigen Schritten betraten wir eine andere Welt. Die Straßen wurden enger und glichen nun schmalen Gassen. Neben kleinen Bistros gab es Galerien, Buchläden und Lokale mit Kellereingängen, auf die mit weißer Kreide beschriebene Schiefertafeln hinwiesen.

Wir schlenderten eine Weile herum, und als es dämmerte, schlug Gerard vor, in eines der Restaurants zu gehen, um dort etwas vom Grill zu essen.

»Es gibt hervorragende Gambas, Taschenkrebse und Lammspieße.«

Das hörte sich sehr lecker an, und als wir durch die engen Gassen eines mittelalterlich geprägten Viertels die Rue de la Huchette erreichten, waren wir scheinbar in einer gastronomischen Hochburg angekommen. Jedenfalls duftete es so verführerisch, dass mir das Wasser im Mund zusammenlief.

Gerard hatte offensichtlich ein Stammlokal, denn als er uns zu einem schmalen Eingang zog, wurde er von einem weißhaarigen und bärtigen älteren Mann sogleich umarmt und in einem haarsträubenden französischen Dialekt eingeladen, doch hereinzukommen und die wunderhübschen Mademoiselles mitzubringen ... Also, soweit ich das aus seinem rasch plätschernden Wortfluss heraushören konnte.

»Das ist René«, erklärte Gerard. »Er ist eine Institution hier. Er lässt keine Touristen in sein Lokal ... nur Stammgäste.«

Aha, das war ja mal ein Lichtblick, der Gastraum allerdings war eher duster ... ähm, ja, und ziemlich eng. Man saß im Grunde auf harten Bänken an langen rohen Holztischen mit allen anderen Gästen Seite, äh, Arschbacke an Arschbacke ... und sah beim Schein funzeliger Kerzen eher wenig von dem, was man sonst wohl Ambiente nannte.

»Bisschen finster hier und äh ... eng ...«, sagte ich also ziemlich zurückhaltend ... weil ich mir »lecker essen gehen« etwas gepflegter vorgestellt hatte, jedenfalls mit einem Spross aus gutbürgerlichem Hause.

Aber Gerard ging gar nicht auf meine Nörgelei ein. »Warte ab, bis du das Essen vor dir hast, Mila ... Darf ich für euch bestellen? Mögt ihr irgendetwas nicht? Lammfleisch, Knoblauch, Meeresfrüchte? Hanna, Chérie?«

Wir schüttelten den Kopf. Also bestellte Gerard bei einem jungen Kellner, der wie ein echter Garçon ein kurzärmeliges Hemd und eine lange blaue Schürze um die Hüften gewickelt trug.

Um uns herum herrschte ein wahnsinniges Stimmengewirr, das nur hin und wieder von der an- und abschwellenden Musik noch übertönt wurde. Irgendwas Folkloristisches, ziemlich schnell und mit Dudelsackanklängen.

»Bretonisch«, erklärte Gerard. »René ist Bretone.« Aha, etwas nervend, fand ich. Hanna war da tiefenentspannt.

»Du, wenn das hier so ’ne typische Szene ist, dann lass es uns doch genießen«, meinte sie nur und sah sich um. »Wie so ’n Bayerischer Hof in Berlin, vermutlich.«

Vor, hinter und neben uns gequetscht hockte eine bunte Mischung von Menschen. Viele waren recht jung und konnten gut Studenten sein. Pärchen und kleine Gruppen, die ganz offensichtlich angeregt plaudernd ihr Essen genossen. Na, dann.

Und es war wirklich großartig, was wenig später aufgefahren wurde. Gerard erwies sich als fundierter Kenner der bretonischen Gastronomie. Wir bekamen Moules marinières – gekochte Muscheln in Weißweinsud – und dann einen aufgebrochenen Taschenkrebs vom Grill, in dessen Panzer zusammen mit einer unvergleichlichen Sauce das delikate weiße Fleisch angerichtet war, das man so mühelos mit der Gabel essen konnte.

»Das ist Wahnsinn«, sagte ich, »das schmeckt unglaublich gut.«

»Sag ich doch«, meinte Gerard grinsend.

Als wäre das noch nicht genug gewesen, wurde dann ein riesiger flammender Spieß herbeigetragen, den der Chef persönlich ablöschte und dessen Fleisch er auf unsere Teller verteilte. Es war Lamm vom Grill, nach Rosmarin duftend und von kleinen ungeschälten Kartoffeln begleitet.

»Dieses Lamm hat auf die salzige Wiesen am Mont St. Michel geweidet«, schwärmte Gerard. »Darum sein Fleisch ist besonders würzig. Man sagt pré-salé dazu.«

»Ich glaube, ich platze«, stöhnte ich schließlich und stützte mich erschöpft auf die Tischplatte.

»Bon«, freute sich Gerard, »dann es war gut.«

Der junge Garçon räumte ab und Chef René brachte einen Calvados für jeden von uns. Oh Gott, jetzt nicht auch noch Schnaps, mir war schon der Muscadet, der frische Weißwein, in den Kopf gestiegen.

Aber René ließ nicht mit sich handeln. »Bist du meine Amie?«, fragte er mich, und als ich schicksalsergeben nickte, meinte er gnadenlos: »Dann du trinkst.«

Also trank ich. Brrr! Eklig, ätzend! Was fanden die Leute nur an so was? Ein Wein ging ja noch, aber harten Alkohol musste ich echt nicht haben.

Doch was tut frau nicht alles, um die Gefühle der Menschen im Gastgeberland nicht zu verletzen!

Nun ja, der Rückweg war lustig und dauerte lange ... und immer wieder machten wir irgendwo Rast, hockten uns an einen freien Bistrotisch und tranken dort einen kleinen schwarzen Café. Ja, ja Paris bei Nacht!

Je suis crevée! Ich bin platt! Fix und fertig! Nach dieser Koffeindröhnung werde ich bestimmt heute Nacht kein Auge zubekommen. Trotzdem mache ich jetzt doch mal Schluss.
Wir sind längst wieder zu Hause, aber weil mich der viele Café wirklich munter gemacht hat, habe ich halt noch ein bisschen in mein Tagebuch geschrieben.
Nun beschleicht mich aber doch eine gewisse Müdigkeit. Das gute Essen, der Wein und der verdammte Calvados verlangen nach einem Verdauungsschlaf. Mila auch. Na, hoffentlich habe ich morgen keinen dicken Kopf!
Bonne nuit!

2. TAG

SONNTAGNACHMITTAG
dimanche après-midi

OMG!
Kaum da und schon bin ich komplett ins Pariser Savoir-vivre abgetaucht. Also, das heißt inzwischen wieder aufgetaucht, denn ich sitze mal kurz am antiken Sekretär in meinem Gästezimmer und habe mein Sudelbuch vor mir liegen. Viel Zeit zum Schreiben bleibt mir allerdings nicht, weil heute nämlich noch gekocht wird – all das tolle Zeug, das wir am Vormittag auf diesem absolut faszinierenden Straßenmarkt in der Rue Mouffetard eingekauft haben.
Ja, ich weiß, dass heute Sonntag ist, aber Paris schläft nie, schon gar nicht an einem Sonntagmorgen. Da treibt es die Feinschmecker ganz besonders früh aus dem Bett, um für das Familienessen wirklich erstklassige und frische Zutaten zu besorgen. Entsprechend karg fällt dann das Frühstück aus – schließlich gibt es Wichtigeres zu tun.
Bei mir war es nicht anders. Ich habe das gleich am ersten Morgen hier voll zu spüren gekriegt, denn Han-

na hat mich ganz schön unsanft geweckt. Dabei war ich doch noch ziemlich k.o. vom gestrigen Abend.

Französisches Frühstück

Also, erst mal tauchte Hanna bei mir auf. Nach dem viel zu lauten Klopfen war sie allerdings dann doch wieder recht sanft und platzierte ein Tablett mit Kaffee und Croissants auf den kleinen Beistelltisch, der als Nachtschränkchen dient. Sie rüttelte an meiner Schulter, grinste wie ein Honigkuchenpferd und meinte resolut: »Los, frühstücken, wir wollen gleich zum Markt.«

Ich rieb mir verschlafen die Augen und gähnte, alles andere als erbaut über die Mitteilung. Mir steckten die Anreise und der gestrige Abend nebst Calvados noch in den Knochen, nie wieder lasse ich mir einen Schnaps aufdrängen! »Markt« war für mich also nicht wirklich ein Zauberwort. »Wellness-Oase« hätte mich schon eher gereizt. Daher hielt sich meine Begeisterung über Hannas Ankündigung sehr in Grenzen. Ich ließ mich wieder in die Kissen fallen und zog die Decke über den Kopf. Brutal wurde sie mir fortgerissen.

»Mila! Was soll das? Schlafen kannst du, wenn wir wieder zu Hause sind – jetzt müssen wir jede Sekunde genießen.«

Klar, auf Teufel komm raus!

»Wenn du das Genuss nennst, in halb wachem Zustand auf einem Markt herumzutapern, dann solltest du mal deinen Geschmack überprüfen«, knurrte ich. Mit einem missmutigen Blick auf die drei ärmlichen Croissants im Brötchenkorb und den Kaffeepot nölte ich dann gleich weiter: »Ein Sonntagsfrühstück stelle ich mir auch ein bisschen üppiger vor.«

»O ja, du musst nach dem gestrigen Abend auch total ausgehungert sein!« Sie kicherte und ließ sich von meiner schlechten Laune nicht anstecken. »Nun meckere nicht. Das ist ein ganz normales französisches Frühstück. Im Hotel bekommst du auch nichts anderes. Wenn du morgens mehr essen willst, dann musst du nächstes Mal nach London fliegen, da stopfen sie dich mit Spiegeleiern, Speck und verbranntem Toast voll.« Sie grinste. »Also, mir ist da ein frisches Croissant sehr viel lieber.«

»Aha, bist du auf Diät?«

»Quatsch. Komm, hör jetzt auf mit dem Gezicke, genieß lieber die leckeren Croissants, die hat Gerard extra frisch aus der Boulangerie geholt. Sei dankbar und dann raus aus dem Bett, wir wollen los.«

Sie verschwand, und weil die Croissants wirklich vorzüglich dufteten und der Kaffee ebenfalls, griff ich zu und genoss nun doch noch ein versöhnliches Frühstück im Bett.

Erste Begegnung mit Gerards Familie

Im Entrée, wo wir uns wenig später versammelten, lernte ich dann auch einen Teil von Gerards Familie kennen. Schien irgendwie ein Familienausflug zu werden, denn außer Gerard standen auch noch seine Mutter und ein sehr elfenhaftes Geschöpf in der Eingangsdiele, das nur seine Schwester sein konnte. Jedenfalls war das Mädchen Gerards Mutter wie aus dem Gesicht geschnitten.

»Bonjour, Mademoiselles«, begrüßte uns Madame Lezard mit einem warmen Lächeln. »Da sind ja unsere Gäste aus Deutschland. Soyez les bienvenus! Ça va?«

»Merci, Madame, très bien«, antwortete Hanna erstaunlich sprachgewandt. Hatte sie bestimmt mit Gerard gepaukt.

»Das ist Hanna, Maman«, sagte Gerard und schob Hanna zu seiner Mutter rüber. Die wirkte einen Moment sprachlos, denn Hanna war zwar ein taffes Mädchen und eine Superfreundin, aber offenbar nicht unbedingt ein Schwiegermuttertraum. Dazu war sie wohl ein bisschen zu ausgefallen vom Typ her und in ihrem Styling mit den kurzen roten Haaren und den leicht punkigen Klamotten. Besonders für diese doch sehr bürgerliche Familie, in der die Frauen eher Feen aus einem Fantasyroman oder Märchen glichen – zartgliedrig, mit hellem Schneewittchen-Teint, glänzenden langen Haaren und großen braunen Rehaugen. So eine sportlich krasse Hanna war da gewiss ein Kulturschock.

Die empfand das wohl ähnlich, denn sie trat zunächst erstaunlich schüchtern und gehemmt auf, gewann aber bald ihre Fassung zurück und murmelte auf Französisch einen Dank für die freundliche Einladung. Den plapperte ich der Einfachheit halber gleich nach, weil Hanna sich den Satz bestimmt schon zu Hause zurechtgelegt hatte und der darum in Wortwahl und Grammatik garantiert perfekt war. Krass, wie wenig ich bis jetzt mit meinem Schulfranzösisch anfangen konnte. Direkt peinlich!

»Tu es l'amie allemande?«, wandte Madame Lezard sich jetzt an mich.

»Oui, c'est moi.« Ja, das bin ich, antwortete ich. Wer außer Hannas Freundin aus Deutschland sollte ich wohl sonst sein? Eine zufällige Reisebekanntschaft aus dem Flieger?

Sie umarmte mich spontan. Als ich mich wieder von Gerards Mutter gelöst hatte, schob sich ganz plötzlich ein megagut aussehender Typ vor meine Optik und mir blieb ja so was von schlagartig die Luft weg. Wow! Aber wieso grinste der so belustigt? War mit mir was nicht okay? Ich merkte, wie ich rot wurde. Merde!

»Je m'appelle Philippe«, stellte er sich vor, um dann in astreinem Deutsch zu sagen: »Hast du gut geschlafen, die erste Nacht in unserem Haus, Mila?«

Ich musste ihn wohl sehr perplex angeschaut haben, denn sein Grinsen wurde breiter, also falls das überhaupt ging ... Oh, wie sah der gut aus ... Sein bloßer Anblick wehte alle Vokabeln aus meinem Hirn und so stammelte ich reichlich dümmlich: »Äh ... ja ... äh ... danke ... du, du sprichst ja Deutsch!«

Er lachte. »Ja, was dagegen? Ich kann auch Französisch, wenn dir das lieber ist. Ça te plaît en France?«

»Oui, beaucoup«, stammelte ich immer noch reichlich verdattert. Warum hatte mir Hanna nicht gesagt, dass Gerard einen solchen unglaublichen ... äh, ja ... Bruder hatte? Auf so was musste einer doch vorbereitet werden, das, das ging so ja gar nicht ... schnauf!

Émilie lachte nun auch und es klang etwas geziert und schrill. Die Mutter griff nach einer großen Basttasche und drängte zum Aufbruch.

»Marchons, Mademoiselles«, sagte sie und fügte jovial hinzu: »Nennt mich Blanche, es wird sonst zu kompliziert ...«

Als ich mit Hanna die Treppe runterlief, fragte ich mich, woher Philippe so gut Deutsch konnte. Der sprach ja fast ohne Akzent! Nun, ich würde es erfahren und es war ja genau genommen super, denn dann konnten wir uns ja vielleicht sogar mal auf Deutsch unterhalten ... besser, als auf Französisch herumzustottern ... ach, das wäre toll, das würde ich gerne machen, denn er sah wirklich megagut aus! Ähm, ja, ich meine, da kann er mir doch sicher einiges über Paris erklären. Nein, mit Markus hat das nichts zu tun. Gar nichts. Ist einfach nur praktisch ... sehr praktisch.

Marktgetümmel in der Rue Mouffetard

Wir gingen wieder zu Fuß. Überquerten den Boul' Mich' und erreichten bald die Rue Mouffetard, das Paradies der Feinschmeckerköche.

Gut, bei dem Straßennamen wäre man wohl nicht gleich auf die Idee gekommen, dass man hier alle nur erdenklichen Zutaten für gutes Essen findet. Er hat nämlich etwas mit Gestank zu tun, *Moufette* heißt auf Französisch Stinktier. Philippe, der uns das erklärte, amüsierte sich natürlich, als er unsere etwas angewiderten Mienen sah. Und als mir die Frage rausploppte, ob es hier nur Gammelfleisch zu kaufen gäbe oder Stinkekäse, da ergänzte er lachend: »Non, non, keine Angst, der Name hat seinen historischen Ursprung in der Zeit, als dies hier das Quartier der Gerber war. Unter dieser Straße floss ein stinkender Fluss, in dem die Gerber die abgezogenen Häute der Tiere wuschen.« Klang ziemlich eklig, fand ich.

Heute war davon erfreulicherweise wirklich nichts mehr zu sehen und vor allem zu riechen. Nur die alten Mansardendächer aus dem 17. Jahrhundert und die romantischen, teilweise ein wenig verfallen wirkenden mittelalterlichen Gebäude erinnerten an die lange Geschichte dieses Viertels. Die Straße war gesäumt von kleinen und größeren Lebensmittelläden, auf die gemalte Ladenschilder hinwiesen, und an fast jeder Ecke gab es ein einfaches Restaurant, ein Bistro oder einen *Salon de thé*, so heißen hier die Cafés. Muss man erst mal drauf kommen. Die Stühle standen entweder auf dem schmalen Gehsteig vor dem Laden oder gleich auf der Straße.

So hatte ich mir das Pariser Flair vorgestellt. Hach, wie schön! Hier kam alles zusammen: Leben, Einkaufen, Essen und Leute treffen. Besonders Letzteres schien den Franzosen am heutigen Sonntagmorgen neben dem Einkaufen besonders wichtig zu sein, denn überall sah man Menschen miteinander im Gespräch: ältere Damen, die mit den Einkaufskörben am Arm offensichtlich den neuesten Klatsch austauschten ... Männer, die einen Pastis, eine angesagte Anisschnaps-Marke, mit Wasser verdünnt an einem der Bistrotische tranken und vermutlich ansonsten dasselbe taten ... Mütter mit Kinderwagen, die einander in die Karren schauten und sich gegenseitig versicherten, wie toll sich ihr Nachwuchs seit der letzten Begegnung entwickelt hatte ... Hundebesitzer, die *Fiffi* oder *Flouflou* aus der Nachbarschaft streichelten oder ihren frisch gestylten *Bichon* auf dem Arm durchs Gewühl trugen, damit das arme Tier nicht totgetreten wurde und der Freundin präsentiert werden konnte. Pralles, aber erstaunlich gelassenes Leben.

Da bis Mittag Markt war, standen vor den Ladengeschäften nun auch noch die Marktstände, säumten beidseitig die untere Hälfte der Rue und boten die leckersten Lebensmittel feil, die man sich nur denken konnte. Schlaraffenland pur!

Und da offenbar jeder Franzose im näheren und weiteren Umkreis sich hier mit Zutaten für sein Sonntagsmenü eindecken wollte, herrschte ein unglaubliches Gedränge und Geschiebe in der Mitte der Straße. Wir stießen aus einer Seitengasse dazu, schlängelten uns zwischen zwei Käseständen hindurch und ließen uns mitschieben von diesem Strom aus Gourmets und Gourmands.

Ich war einfach überwältigt, und während Hanna Arm in Arm mit Gerard vorausschlenderte, saugte ich mit den Augen alles auf, was sich an wundervollen Dingen vor mir auftat. Das konnte ich garantiert mal in einem meiner Romane verwenden ... ja, ich meine ja nur. Kommt eben erst mal ins Sudelbuch.

Gerade schob uns der Strom an einer Poisonnerie vorbei. Die Glastüren waren geöffnet und gaben den Blick auf die große, mit viel Eis belegte Theke des Fischladens frei, die fast unter der Menge des Angebots zusammenbrach.

Austern, *Huîtres Fines de Claires,* in den unterschiedlichsten Größen, hübsch in Spankörbchen präsentiert und mit einem Dutzendpreis für Einsteiger von 8 Euro.

Miesmuscheln, *Moules*, aus der Normandie und die riesigen *Coquilles St. Jaques* aus der Baie de Saint Brieuc in der Bretagne. Körbe voller Seeigel aus dem Mittelmeer.

Heiß begehrt bei den Käufern waren *Crustacés*, allerfeinste Krustentiere des Meeres wie *Lang-*

oustines, rosa mit langen Scheren, *Homards*, noch lebende grün-blauschalige Hummer. Große rote Langusten in Körben auf Holzwolle gebettet und riesige *Tortaux*, Taschenkrebse, wie wir sie gestern als Vorspeise gegessen hatten, roh – *cru*, lebendig – *vivant*, oder schon gekocht – *cuit*.

Die Fische kamen vom Mittelmeer oder aus dem Atlantik, und am hübschesten fand ich die bunten Lippfische, die rote, orangefarbene, grüne oder blaue Schuppen und megadicke Lippen hatten, die wie gebotoxt aussahen.

Die Masse schob uns weiter an etwas streng riechenden Käseständen vorbei, die aber unglaublich viele verschiedene Sorten anboten. Was man so alles aus Milch machen konnte, war wirklich erstaunlich. Natürlich gab es Käse nicht nur aus Kuhmilch, sondern auch von Ziege, Schaf und ... ach, was weiß ich ... Kängurukuh ... nee, gab's ja nur in Australien ... Seekuh vielleicht!? Frankreich ist ja von viel Wasser umgeben ... egal ... sah eigentlich alles ganz lecker aus ... aber dann wurde ich von einem relativ kleinen, aber schon leicht zerfließenden Munster-Käse mit unangenehm rotschimmeliger Rinde geradezu in die Flucht getrieben. Püh, wie konnte man etwas, das so stank, freiwillig essen? Das passte allenfalls ins Dschungelcamp. So ähnlich roch bestimmt die dort ja mit Vorliebe servierte australische Kotzfrucht. Der Käse jedenfalls machte dem Namen der Rue Mouffetard alle Ehre. Total müffelig!

An den Gemüseständen fielen vor allem die Pilze auf, und weil ich Pilze mochte, freute ich mich, dass Gerards Mutter bei den *Chanterelles* ordentlich zuschlug und sowohl Pfifferlinge als auch *Cèpes*, riesige Steinpilze aus der Dordogne, kaufte.

An den Obstständen türmten sich die Weintrauben aus dem ganzen Land, denn die Traubenernte hatte in den Weinbaugebieten, insbesondere auch in Burgund und Bordeaux, begonnen. Ich schielte zu Émilie rüber, die sich intensiv mit ihrem Bruder Philippe unterhielt. Hm, der könnte sich ja auch mal ein bisschen mit mir befassen!

Wir kamen nun in den Bereich der Boucherien, der Metzgereien, und Gerards Mutter suchte zwei große Maispoularden bei *Pascal Gosnet* aus, dessen Laden durch eine lila Markise gleich ins Auge stach und der in einer großen Glastheke alles erdenkliche Geflügel anbot: Hühner – *poulets*, Enten – *canards*, Tauben – *pigeons*, Wachteln – *cailles* ... alles genau mit dem Herkunftsort ausgeschildert. Da legt der Franzose offensichtlich Wert drauf, und mir fiel auf, dass das meiste aus heimischer Produktion stammte. Sehr ökologisch.

Allerdings machte sich inzwischen auch eine erste Erschöpfung bemerkbar.

»Wenn mittags die Straßenstände machen dicht, öffnen die kleine Restaurants«, erklärte Gerard. »Viele Leute dann hier essen ein Kleinigkeit. Das Menü, für das sie haben eingekauft, gibt es in viele Familien erst an die Abend.«

»Bei uns übrigens auch«, sagte Blanche auf Französisch. »Für heute Mittag habe ich schon einen Tisch im *La Fontaine* bestellt. Jean-Jacques legt unser Fleisch und den Fisch so lange in seinen Kühlschrank.«

Das hatte ich einigermaßen verstanden, wobei es mich wunderte, dass ein Wirt so etwas tat. War wohl ein Freundschaftsdienst für seine Stammkunden.

Die Familie Lezard zählte ganz offensichtlich dazu. Wir merkten es auch sofort an der ausgesprochen freundlichen Begrüßung und Bedienung. Das Lokal war wirklich sehr nett. Es lag an einer Straßenecke und unter rot-weiß gestreiften, freundlichen Markisen standen Tische auf dem Trottoir, die für sechs Personen eingedeckt waren. Kübelpflanzen sorgten für eine angenehme Atmosphäre und ein bisschen Grün in der Häuserschlucht. Rote Tafeln mit weißer Kreide beschriftet warben am Eingang für die *Plat du Jour*, das Menü des Tages.

Es gab *Crudités*, eine bunte Salatmischung, als Vorspeise, gegrillten *Turbot*, Steinbutt, mit Fenchelgemüse und als Nachtisch *Fromage* oder *Tarte aux Pommes* – alles zu einem vergleichsweise erschwinglichen Preis und von außerordentlicher Qualität. Frisch, lecker und von den Portionen her gerade richtig. Ein leichter Weißwein und Wasser begleiteten das Essen, wobei Émilie, Hanna und ich uns nur ans Wasser hielten. Wein war zwar ab

16 Jahren in der Öffentlichkeit erlaubt, aber schon mittags davon zu trinken, fand ich einfach zu riskant. Ich war das nicht gewöhnt und wollte den Tag wirklich nicht halb im Delirium verbringen. Die Jungs tranken allerdings doch Wein, war halt im Menü inbegriffen und daher verführerisch. Na ja, von einem Glas ... würde die Welt ja nicht gleich untergehen bzw. ins Wanken geraten ... vor ihren Augen! ☺

Er löste ihnen aber die Zunge, sodass sie weitgehend das Tischgespräch führten. Ich schielte zu Émilie rüber, die bisher kaum ein Wort zu uns gesagt hatte. Mir fiel auf, dass sie Hanna sehr intensiv beobachtete und jedes Mal, wenn Gerard eine zärtliche Geste machte, guckte sie reichlich verkniffen. Hm, hatte sie etwas gegen Hanna?

Ja, und jetzt sind wir mit unseren Einkäufen wieder zurück bei den Lezards. Ich hocke hier am historischen Sekretär und schreibe mal wieder in mein Tagebuch. Aber jetzt ist damit Schluss. Ich muss echt alle viere von mir strecken und mich ein bisschen ausruhen. Oh, meine Füße!
Nachher kriegen wir nämlich von Gerards Mutter und Philippe, der als Übersetzer dabei sein wird, einen französischen Blitz-Kochkurs. Freu, freu! Das wird bestimmt cool. Am Abend findet dann das große Begrüßungsdiner statt. Da werden wir ja endlich auch mal Gerards Vater kennenlernen.
Bisher waren die Lezards alle recht beschäftigt oder

schweigsam … oder am Essen. Hm, das würde doch hoffentlich heute Abend nicht so weitergehen, denn besonders mit diesem überaus charmanten Philippe würde ich schon gerne ein bisschen plaudern … auf Deutsch natürlich. Hätte nie gedacht, dass man die Franzosen fast gar nicht versteht, so schnell, wie die sprechen. Ehe du dich eingehört hast, haben die schon alles gesagt. Grauenvoll. Da kommt man sich mit seinem Schulfranzösisch echt blöd vor. Wie Hanna das mit Gerard hinkriegt, ist mir schleierhaft, obwohl … die haben ja mehr nonverbale Kommunikation miteinander – Liebe versteht sich auch ohne Worte. Knutsch! Also Philippe … Nein, ich hab mich nicht in den verguckt … was für ein Schwachsinn.
Ich mache jetzt Schluss und texte erst mal ein bisschen mit Markus. Mal hören, wie es dem so mit Vanessa und ihren Freundinnen ergangen ist. Interessiert mich ja schließlich. Aber von selber meldet der sich auch nie. Hat ja soooo viel zu tun, der Arme. Was soll ICH denn da sagen! Und ich denke schließlich trotzdem an ihn.

3. TAG

MONTAG – AM MORGEN VOR DEM AUFSTEHEN
lundi matin

Mann, war das ein Tag gestern.Ich war voll im Stress und darum kann ich erst jetzt weiterschreiben … obwohl … wir haben heute bestimmt schon wieder ein fettes Programm … na gut, jetzt ist noch Ruhe, die Jungs sind ziemlich k.o., glaube ich. War schon ein lustiger Abend gestern. Aber der Reihe nach.
Erst mal haben wir gekocht und dann gegessen … also eher gespeist … diniert …

Französisch kochen – La Cuisine Française
Die Küche ist super, die Lezards haben ja einen Herd, auf dem man mit Gas kochen kann. Blanche erklärte, das sei ein spezieller Gourmet-Herd. Sie werkelte darauf jedenfalls sehr souverän herum. Sie zeigte uns, wie man das *Poulet* entbeint, dann mit einer Mischung aus Pilzen, Ei, Brot sowie Speck füllt, und es schließlich mit großen Nadeln zunäht. Geil. Muss ich für Mama zu Hause auch mal machen. Blanche briet die gefüllten Hühner

kurz von allen Seiten an und dann verschwanden sie in einer Kasserolle aus Kupfer im Backofen ... reichlich mit Rotwein begossen. Hm, duftete schon sehr gut. In einem großen Topf kochten inzwischen die Artischocken, die es mit einer cremigen Sauce als Vorspeise geben sollte. Fisch war der Zwischengang: Seezungen aus der Normandie. Ich lernte, wie man beim Fisch die Filets von den Gräten säbelt und diese dann zu kleinen Röllchen aufwickelt, die anschließend in Weißwein pochiert wurden. Pochieren ist so ein ganz sanftes Erwärmen, damit der Fisch nicht auseinanderfällt.

Zum Nachtisch wurde dann noch eine Mousse au Chocolat fabriziert. Hmmm, ich leckte mir schon beim Zusehen die Finger. Jedenfalls war es sehr lustig und total nett von Blanche, dass sie Hanna und mich als Küchenhilfen eingestellt hat. *G*

Ach ja, der überaus nette Bruder von Gerard, dieser Philippe, kann nicht nur übersetzen, er versteht sogar was vom Kochen!

Familienessen mit den Lezards

Beim Abendessen war dann die ganze Familie Lezard versammelt, und so lernten wir endlich auch Gerards Vater kennen, der ganz offensichtlich sehr an Hanna interessiert war. Jedenfalls quetschte er sie aus wie eine Saftorange. Aber dann sah ihn seine Frau ein bisschen missbilligend an, und beim Hauptgang herrschte gefräßiges Schweigen ...

nein, genießerisches Schweigen ... nee, das eigentlich auch nicht, denn es wurde ziemlich viel über das Essen gesprochen, die Güte der Zubereitung, die Raffinesse des Rezepts, die Qualität von Fleisch und Gemüse.

Essen ist ja bei den Franzosen offenbar total wichtig und alles drum herum war auch sehr aufwendig: also die Tischdeko mit feinem Porzellan – aus *Sèvres,* hat Émilie mit bedeutsamer Betonung gesagt –, Tafelsilber, schönen Kerzenleuchtern, Blumengesteck und Stoffservietten.

Ein Mädchen hat sogar bedient, war aber dann wieder verschwunden. Als wir anschließend in den Salon umgezogen sind, um da noch am Kamin den kleinen, obligatorischen Café zu trinken, hat sie aber wohl noch wie ein Heinzelmädchen auf leisen Sohlen den Tisch abgeräumt und die Spülmaschine gefüttert.

Das Essen hat ziemlich lange gedauert, und nachdem noch etwas Konversation gemacht wurde, also Gerards Vater vor allem Hanna weiter über alles Mögliche ausgefragt hatte, wurde ich ziemlich müde.

Das fiel Émilie natürlich auf und so empfahl sie: »Ich glaube, Mila und Hanna sind müde, wir sollten ihnen erlauben, sich auf ihre Zimmer zurückzuziehen.«

Sauber, so wäre sie uns ja elegant los. Gerard war aber gar nicht damit einverstanden, sondern wollte mit Hanna noch einen kleinen Abendbummel machen. Da die mich dabei nun wirklich nicht brauchten, ich aber auch keinen Bock hatte, mit der unfreundlichen Émilie zu quatschen, griff ich deren Vorschlag tatsächlich auf und verabschiedete mich auf mein Zimmer.

Und da bin ich jetzt. Gut, dann komme ich mal zu den

Steckbriefen der Familie Lezard

Gerard *ist bekannt: 4. Semester Jura, zurzeit in Potsdam, soll mal vom Vater die Kanzlei übernehmen. Das verstehe ich nun auch, weil die schon seit Generationen im Besitz der Familie Lezard ist. Immer noch mittelgroß, straßenköterblond, schlank und humorvoll. Hat weitgehend nur Augen und Ohren für Hanna. Kleidet sich hier in Paris sorgfältiger als in Deutschland, weil seine Eltern wohl Wert darauf legen.*
Ich kenne ihn ja nun schon eine Weile, darum mach ich's bei ihm mal kurz.

Émilie, *17 oder 18, jüngere Schwester von Gerard, kurz vor dem Baccalauréat, dem französischen Abitur. Sieht aus wie 'ne Fee aus einem Fantasyroman, schmales Gesicht, zierlich. Hat lange, fast schwarze Haare – offensichtlich von der Mutter geerbt – sehr große dunkle Augen und helle Haut sowie einen schönen ausdrucksvollen Mund. Könnte glatt als Model oder Schauspielerin durchgehen. Ist nach einer Bal-*

letttänzerin der Pariser Oper benannt, die Kaiser Napoleon sehr verehrt hat. Kann sein, dass sie deswegen ihre kleine Nase so hoch trägt. Sie ist schon sehr hübsch, wirkt aber etwas undurchsichtig und unnahbar. Vielleicht ist sie aber auch nur etwas verklemmt. Scheint keine besonders gute Meinung von deutschen Mädchen zu haben, und ich hatte den Eindruck, dass sie Gerard und Hanna sehr argwöhnisch beobachtet. Kann mich auch täuschen.
Émilie ist ausgesprochen schlicht gekleidet, scheint am liebsten Kleider und Röcke zu tragen.
Folgende Begriffe würde ich mit ihr verbinden: réservée, fragile, louche – undurchsichtig – ne pas très aimable, also nicht wirklich freundlich.
Aber vielleicht ist sie sauer, dass ihre Freundin nicht gekommen ist und nun so eine verpeilte Deutsche wie ich das schöne Gästezimmer bewohnt. Weiß man's?

Blanche Lezard, *Anfang 50, Mutter von Gerard. Die sieht vielleicht toll aus! So schön und schlank, mittelgroß mit riesigen dunklen Augen und tiefschwarzen Haaren, die sie in einer kurzen Stufenfrisur trägt. Total gepflegt! Und ihr Schmuck ... dezent, aber offensichtlich richtig teuer ... allein die Armbanduhr mit den Brillis von Chanel lässt mich erblassen. Sie ist sportlich-elegant gekleidet, und was sie am Leib trägt, hat seinen edlen Schnitt garantiert einem angesagten Modedesigner zu verdanken.*
Vom Wesen her scheint Gerards Mutter sehr unkompliziert zu sein, wirkt jedenfalls sehr offen. »Nennt

*mich Blanche, Mademoiselles«, hat sie gleich am Morgen gesagt, als wir zusammen auf den Straßenmarkt gegangen sind. Und: »Meldet euch, wenn ihr was braucht, wovon die Jungs nichts verstehen.« *G* Das fand ich total süß von ihr.*

Allerdings hat Gerard gesagt, dass sie selten da ist, weil sie sich in vielen ehrenamtlichen Jobs engagiert. Hauptsächlich setzt sie sich für die Integration der Jugendlichen aus den äußeren Stadtbezirken jenseits des Boulevard Périphérique ein. Das ist da, wo im Fernsehen bei Unruhen immer die brennenden Autos gezeigt werden. Da, wo die Franzosen ihr »Migrationsproblem« geparkt haben.

Finde ich ja toll, dass eine Frau, der es doch an nichts fehlt und die einen feinen Lenz schieben könnte, sich da so engagiert. Also ist sie taff und sicher auch durchsetzungsfähig. Die Zähigkeit hat sie bestimmt, weil sie ja früher Balletttänzerin war. An der Pariser Oper. Das ist ein Knochenjob, hat uns Gerard erzählt. Daher kommen wohl auch dieser überaus elegante Gang und die beeindruckende Gestik. Tolle Frau. Folgende Begriffe würde ich mit ihr verbinden: élégance, beauté, grâce, générosité.

***Patrice Lezard,** Gerards Vater, Mitte bis Ende 50, groß, lange Nase im gut geschnittenen Gesicht, Haare mit grauen Stellen an den Schläfen. Korrekt gekleidet, beeindruckende Erscheinung, so der George-Clooney-Typ. Respektsperson in der Familie, wirkt etwas förmlich, was aber mit seinem Job zusammenhängen kann.*

Dabei nicht unfreundlich. Diskutiert mit den Söhnen beim Essen politische und kulturelle Themen … hat sie allerdings bisher nur gestreift, weil das Hauptthema bislang die Qualität des Menüs und des Weins war. Er ist also ganz offensichtlich ein Franzose, wie er im Buche steht, zwar nicht vom Aussehen her, aber was das Image des Genießers und eines Mannes mit Lebenslust – joie de vivre – und Lebensart – savoire-vivre – angeht. Außerdem habe ich den Eindruck, dass er Hanna mag. Doch, glaube ich schon. Klar! Hanna muss man einfach mögen!
Folgende Begriffe würde ich mit ihm verbinden: respect, charmant, cultivé, distingué.

Und nun ja, last but not least, weil ich es ein bisschen spannend machen wollte:

Philippe, *WOW!!!, 19, jüngerer Bruder von Gerard. Sieht dem Vater sehr ähnlich. Groß, schlank, aber nicht schlaksig. Klares Gesicht mit einer relativ langen, aber gut geschnittenen Nase, schöner Mund, dunkle, sehr forschend blickende Augen unter kräftigen, aber nicht zu buschigen, gut geschwungenen Brauen. Oh, Mann! Allein diese Augen! Haare etwas länger, mit Seitenscheitel, über die Ohren hängend … old school … ein bisschen seltsam … ist er vielleicht ein Nerd? Studiert ausnahmsweise nicht Jura, sondern im 2. Semester Philosophie und Gesellschaftswissenschaften. Da hab ich geschluckt, weil er nicht wie ein Student wirkt, eher wie ein … tja, keine Ahnung, hab*

so einen Typ noch nie aus der Nähe gesehen. Scheint aber ein schlaues Kerlchen zu sein, wenn nicht sogar hochbegabt. Meint Hanna, die hat's von Gerard. Der ist älter, aber scheinbar nicht ganz so hochbegabt wie sein Bruder … nein, ich hab nichts gesagt, kann ich ja nicht wissen … Ich meine nur, weil Gerard mir ganz normal vorkommt, dieser Philippe eher nicht so … allein schon, wie der sich so stylt …
Er trägt offensichtlich bevorzugt dunkle elegante Klamotten. Anthrazitfarbenes Hemd und Sakko zur blauen Designer-Jeans. Wirkt nobel, wie der ganze Typ.
Er riecht sehr angenehm, wie überhaupt alle aus der Familie sich bester französischer Duftwässerchen bedienen. Da muss ich dann mal schleunigst mit Hanna shoppen gehen und meine 08/15 Miefe von der blau-weißen Marke durch was Angesagteres ersetzen. Chanel No. 5 oder J'adore … was weiß ich, worauf der Typ bei Frauen wohl abfährt. Äh, pardon, das habe ich jetzt nicht gemeint … ich will ja nichts von dem … schließlich hab ich einen Freund.
Begriffe, die ich mit ihm in Verbindung bringe: sensible, romantique, profond – tiefsinnig –, authentique – echt –, ambitieux, charmant (Charme scheint ja bis auf Émilie die ganze Familie löffelweise gefuttert zu haben), dangereux … ja … ich finde ihn ausgesprochen gefährlich, weil er ein absoluter Frauentyp ist. Das lasse ich jetzt mal so stehen … muss auch unbedingt noch ergänzt werden, solche Typen entpuppen sich nicht auf den ersten Blick … bin sehr neugierig …
An Philippe ist mir sofort sein fast perfektes Deutsch

aufgefallen. Er hat es gelernt, als er ein Lycée im Elsass in Straßburg besuchte, die letzten zwei Jahre vor dem Studium. Dann hat er noch einen Deutschkurs gemacht, weil er Philosophie studieren wollte, und Deutsch seiner Ansicht nach die Sprache der Philosophen ist. Jedenfalls wichtiger Philosophen wie Kant und Hegel und … was weiß ich, habe mir die nicht alle merken können. Ich kenne ja eigentlich nur Richard David Precht, das ist ein cooler deutscher Philosoph. Ziemlich jung. Der reist rum wie so ein Popstar und erklärt den Fanmassen Gott und die Welt … und die Liebe … äh ja. Da hat er ein ganzes Buch drüber geschrieben, hab ich gelesen … muss eine Jungautorin ja mal tun … Hat sich echt gelohnt, aber ehrlich gesagt verstehe ich die Liebe immer noch nicht ganz. Vielleicht kann Philippe mir da ja mal auf die Sprünge helfen … äh nein, das ist jetzt schlecht formuliert, ich meine, mit mir mal drüber sprechen, wie ein Philosoph das so sieht. Das fände ich rasend spannend. Ist nur so eine Idee, aber vielleicht findet er ja eine Jungautorin ebenfalls rasend spannend … Also das wäre doch schon mal ein Anknüpfungspunkt. Ich mach mir mal eben einen Knoten ins Gehirn.
Oh, pardon, das klingt jetzt bestimmt schon wieder, als wäre ich an Philippe interessiert. BIN ICH NICHT!!! Also nicht wirklich, also … nicht so wie bei einem Ferienflirt zum Beispiel, so nicht … auf gar keinen Fall! Ich habe ja schließlich meinen Markus … Man muss das auf einer rein geistigen Ebene sehen. 'tschuldigung, muss grade selber über diese Idee kichern.

Nur Hanna mal wieder: »Lass ja die Griffel von Philippe. Das gibt bloß Stress, so unter Brüdern und der hat doch, so wie er aussieht, bestimmt an jeder Hand ein halbes Dutzend Mädchen. Vermutlich sogar eine feste Freundin. So was wie der läuft doch nicht mehr frei herum … und das bestätigt ja auch nur, dass er für dich, Mila, sowieso zu alt ist.«
Spaßbremse! Wozu bin ich eigentlich mitgekommen? Zum Däumchendrehen und Versauern? Die knutscht den lieben langen Tag mit ihrem Gerard rum – und wer küsst mich?
Na gut, schnell mal eine SMS schreiben.

`Hallo Markus, du fehlst mir! Keiner küsst mich hier!`

`Das ist auch gut so` *simste er zurück. Schwammkopf!*

MONTAG · lundi
AM FRÜHEN ABEND · soir

Bin ich vielleicht k.o.! Meine Füße könnte ich wegwerfen oder in ein japanisches Fußbad stellen, wie es zu Hause in unserer Sauna steht.
Ich hab 'ne richtig fette Blase am linken Ballen. Tut so verflucht weh! Aber es ist ja auch kein Wunder, wo uns Gerard und Philippe den ganzen Nachmittag durch halb Paris geschleift haben … na ja, ein Achtel Paris vielleicht … allenfalls … nee … wohl eher ein

Sechzehntel oder auch nur Vierundzwanzigstel … Diese Stadt ist ja so was von gewaltig. Unfassbar und sooooo schön! Die glitzert und schimmert überall golden und in der Oktobersonne noch ganz besonders. Die Luft ist so lau … und dann mittendrin die Seine … ein Fluss in einer Stadt ist einfach magisch.
Wir sind dann am Quai de Montebello eine schmale Steintreppe runtergegangen und direkt am Wasser langspaziert, wie es die Pariser auch machen – nein, nicht nur die Bettler … angeblich sollen ja die berühmten Clochards unter den Seinebrücken hausen –, von denen habe ich aber keinen gesehen. Vielleicht sind noch zu viele Touristen in der Stadt und sie haben Reißaus genommen, weil die so hemmungslos über ihr Revier herfallen.
Es war jedenfalls wunderschön. Sogar Bäume wachsen da am Ufer und Leute machen dort ganz selbstverständlich Picknick. Haben wir auch mal vor.
Danach sind wir in eins der vielen Cafés gegangen – mit Blick auf Notre-Dame. Einfach super!
Ich habe ja mal den Film gesehen über den Glöckner von Notre-Dame und seine Esmeralda, der ging mir sehr ans Herz, und so wollte ich natürlich unbedingt gleich in die Kirche hineinschauen. Als die Jungs abwinkten, weil angeblich zu viele Touristen in der Gegend wären, war Hanna schließlich etwas angenervt und fragte: »Wenn wir nirgends reindürfen, warum schleppt ihr uns denn dann erst hierher?«
»Weil Spazierengehen gesund ist.«
Aha. Sehr fürsorglich.

Na ja, wir durften dann doch und so sah das Ergebnis aus: kaputte Füße und eine fette Blase! Aber ich will nicht meckern, es hat sich gelohnt!

Wir gingen also zurück zum Quai de Montebello, das ist gegenüber der Île de la Cité, wo ein Stückchen weiter runter, am Quai de la Tournelle, diese grünen Kästen stehen, in denen die Bouquinistes ihre antiquarischen Bücher verstaut haben. Sehr praktisch und genial konstruiert. Morgens wird einfach aufgeschlossen und die Klappe geöffnet, schon haben sie einen regelrechten kleinen Verkaufsstand. Und wenn die Händler weggehen, dann einfach Klappe zu und Schicht ist im Schacht.

Ich überlegte, ob ich nicht vielleicht später auch mal so einen Kasten haben könnte. Auf meinem Hocker mit Blick über die Seine auf Notre-Dame würden mir bestimmt tolle Ideen für einen Bestseller kommen. »Mord in der Kathedrale« oder so, mindestens so geil wie »Der Glöckner von Notre-Dame«. Ich wette, Victor Hugo hat nicht immer nur im Café gesessen beim Schreiben, sondern auch manchmal genau hier, an dieser Stelle …

»Mila, he, nicht träumen, wir wollen weiter.«

Es war Philippe, der mich sanft am Arm berührte, um mich zum Weitergehen zu bewegen.

»Ich, ich träume nicht, ich habe über Victor Hugo nachgedacht …«

»Oho, Mademoiselle ist bewandert in französischer Literatur?«

»Ja, ist Mademoiselle. Was dagegen?«, sagte ich schnippisch, weil ich fand, dass es reichlich arrogant wirkte, wie er das sagte. So als würde eine deutsche Jugendliche nur Goethe und Schiller kennen. Äh ja, die kannte ich natürlich auch nicht so gut … aber das war ja jetzt nicht das Thema.

Philippe hat jedoch sehr feine Ohren und entschuldigte sich sofort für seinen Fauxpas. »Ich war nicht nett«, sagte er. »Ich habe mir einen dummen Scherz erlaubt, dabei finde ich es fabelhaft, dass du über Victor Hugo nachgedacht hast. Darf ich wissen, was?«

Hm, das war mir nun wiederum etwas peinlich. Sicherlich erwartete Philippe jetzt tiefschürfende Gedanken über seinen Notre-Dame-Roman … was sagte ich denn nun mal … ein bisschen Eindruck wollte ich bei ihm schon schinden. Der sollte nicht meinen, dass ich blöd und ungebildet wäre.

»Ich, ich habe überlegt, ob er vielleicht hier gesessen und sich Notizen für seinen Roman gemacht hat … ich finde diesen Ort hier sehr, sehr … inspirierend für ein solches … Bu… äh … Werk.«

Philippe lächelte. »Das finde ich auch. Es ist einer der schönsten Plätze, um die Kathedrale anzuschauen. Ich bin sicher, dass er hier manche Stunde verbracht hat.«

Er grinste nun und sagte ein wenig unernst: »Ah, schnüppere die Luft … merkst du nicht, wie der Atem des großen Dichters an uns vorbeiweht?«

»Spinner!«, sagte ich, boxte ihn freundlich in den

Oberarm und meinte dann: »Los jetzt, schau, Hanna und Gerard sind schon an der Bücke.«

Und weil das tatsächlich so war, ergriff Philippe spontan meine Hand, begann zu laufen und mich hinter sich herzuziehen. Meine Güte, der Typ war ja noch dynamischer als ich.

Wir erreichten die Rue d'Arcole, die hier über die Île de la Cité verläuft und dank zwei kurzer Brücken die Rive gauche mit der anderen Seite der Stadt verband.

»Es ist der schönste Weg, auf dem man sich der Kathedrale nähern kann. Denn man kommt so direkt auf den Vorplatz und hat einen prächtigen Blick auf die Eingangsfassade.« Während Philippe das noch erklärte, musste ich ihm zwischen zwei hektischen Atemzügen recht geben. Der Anblick war wirklich großartig. Wie auf den Postkarten und in den Prospekten ... aber dennoch ganz anders ... das Gefühl war anders.

»Wusstet ihr, dass Notre-Dame der geografische Mittelpunkt Frankreichs ist?«, fragte Philippe.

Ich schüttelte geistesabwesend den Kopf. »Ach, ist das so ... interessant ...«

»Scheint dich nicht wirklich zu beeindrucken.«

»Do... doch ... ich äh, finde das toll, ja ... erstaunlich, dass sich Leute darüber überhaupt Gedanken machen ... äh ... ja ... ich weiß gar nicht, wo der Mittelpunkt Deutschlands ist – irgendwo in Oberfranken, Unterhessen ...?« Ich starrte ihn irritiert an. »Muss man das wissen?«

»Philippe, nun verwirr doch Mila nicht«, meinte Gerard in scherzhaft tadelndem Tonfall. »Natürlich muss man es nicht wissen. Vieles von dem, über das Philippe spricht, eine normale Mensch muss nicht wissen.«

Ich starrte Philippe an und fand, dass er eigentlich ziemlich normal aussah, wenn man von den langen Haaren mal absah.

Er deutete meinen Blick richtig, denn er sagte grinsend: »Natürlich bin ich normal, nur etwas belesener als viele meiner Mitmenschen und mein ignoranter Bruder! Aber was soll man von einem Juristen schon erwarten – Kulturbanause.«

Gerard lachte und wir stimmten mit ein. So traten wir in gelöster Stimmung auf den Platz. Nun so dicht vor der Kathedrale zu stehen, war wirklich ein Erlebnis, und ich war verwundert, dass sie auf mich ganz anders wirkte, als es der Kölner Dom getan hatte. Ich dachte eigentlich, Kathedrale wäre gleich Kathedrale, aber das war es nicht ... es ... es war überhaupt nicht vergleichbar ...

Notre-Dame empfand ich eher als trutzig wie eine mittelalterliche Burg. Vielleicht lag es daran, dass ihre Türme keine Spitze hatten, oder an den Galerien, welche die Fassade sehr klar gliederten. Nein, nein, Notre-Dame war schon gewaltig ... aber ganz anders, als ich es aufgrund von Abbildungen erwartet hatte. Sie wirkte nicht himmelsstürmend auf mich, wie es eine Kathedrale mit hoch aufragenden spitzen Türmen unweigerlich tat. Sie signalisierte mir vielmehr eine unerwartete Bodenständigkeit.

Wie gesagt, mir fielen immer wieder die Worte trutzig und wehrhaft ein. Es war, als würde Notre-Dame den Menschen sagen: Tretet ein und fühlt euch in mir geborgen, gut aufgehoben, beschützt. So wie Esmeralda hier Zuflucht vor ihren Verfolgern gefunden hatte.

Und als wir durch eines der von großartigen Reliefs eingerahmten Eingangsportale eintraten, da bestätigte auch das Innere diesen Eindruck. Das Längsschiff war gewaltig, und wo es sich mit dem Querschiff kreuzte, hatte man einen tollen Blick auf die drei großen Fensterrosetten aus buntem Glas im Norden, Süden und Westen.

Links neben dem Eingang führte eine Treppe hinauf in den Nordturm und auf die Galerien. Natürlich wollte ich unbedingt die Chimären aus der Nähe sehen, die im Film über den »Glöckner von Notre-Dame« so unheimlich auf mich gewirkt hatten.

»Wie hoch ist es?«, fragte Hanna jedoch und mir fiel ihre Höhenangst wieder ein.

»Die Türme sind 69 Meter hoch, genau 387 Stufen, das schafft ein sportliches Mädchen wie du«, meinte Philippe lachend. Aber Gerard wusste noch sehr genau, wie Hanna in Barcelona bei der Besteigung der Sagrada Familia schlappgemacht hatte und schlug darum vor, dass Philippe und ich uns alleine an den Aufstieg machen sollten.

»Ich schaue in der Zeit mit Hanna die Schatzkammer an.«

Das war mir zwar gar nicht recht, so alleine mit Philippe, viel zu gefährlich, also er, nicht der Aufstieg, aber da ich unbedingt hochwollte, blieb mir keine andere Wahl. Und es hat sich in jeder Hinsicht gelohnt.

Als wir schnaufend die zweite Galerie der Chimères erreicht hatten, entschädigte uns ein großartiger Blick über Paris. Wir standen unter einer geflügelten Skulptur und blickten hinüber zum Eiffelturm. Und diese aus Stein gemeißelten Dämonen, einfach fantastisch. Ich habe gleich ein paar Fotos gemacht ... natürlich auch mit Philippe, wir haben uns gegenseitig geknipst und dann noch eine Japanerin gebeten, uns beide mit so einem Monster aufzunehmen. Das war so lustig! Schließlich lehnten wir an der Brüstung und schauten auf die Seine. Ein romantischer Anblick, bei dem mir total das Herz aufging.

»Ich liebe diese Kathedrale«, sagte ich voll emotionalem Überschwang.

»Ja, wirklich?« Philippe sah mich skeptisch an. »Ein großes Wort. Habt ihr nicht selber einen gewaltigen Dom in Köln? Wie kommt es zu so einer Liebe zu einer fremden Schönheit?«

Natürlich machte er mich gleich wieder verlegen, der Herr Philosoph. Man konnte aber auch gar nichts sagen, ohne dass er es sofort hinterfragte. Nun gut, ich versuchte, es ihm zu erklären.

»Ich, ich mag, dass sie so bedeutsam wirkt. Kein bisschen spielerisch … sehr ernsthaft, so als hätte sie den Menschen etwas zu sagen … so was wie: Kommt zu mir und ihr seid geborgen … nicht wie der Kölner Dom.«

»Was sagt denn der, deiner Meinung nach?«

»Äh … hm … keine Ahnung, der hat eigentlich gar nicht zu mir gesprochen, der hat mir nur die Sprache verschlagen … ich kam mir da drin total winzig vor.«

Philippe sah mich von der Seite an. »Aber Notre-Dame ist ebenfalls groß und gewaltig …«

Ich nickte. »Ja, natürlich, ich … ich finde sie auch großartig, aber am besten gefällt mir, dass sie einen Menschen dennoch nicht klein macht, sondern in sich aufnimmt … so wie die Schutz suchende Esmeralda … ich … ich finde, das ist ein ganz anderes Gefühl als beim Kölner Dom …«

Philippe legte seine Hand auf die meine. Sie war warm und angenehm und diese Geste wirkte liebevoll beschützend. Ich fühlte mich ihm sehr nah in diesem Augenblick und er sich mir offensichtlich auch.

»Ja, Mila, das empfinde ich genau wie du«, sagte er in seiner sanften, ruhigen Art. »Es ist großartig, dass wir eine Kathedrale haben, mit der wir Gott erhöhen, ohne den Menschen zu erniedrigen. Ihre Baumeister haben, ohne es zu wissen, einer sehr modernen Religion ein Haus gebaut. Obwohl in dieser Kirche der Größenwahn der Menschen oft Triumphe gefeiert hat, ist sie sich immer selbst treu geblieben. Ich sehe sie auch in erster Linie als einen Ort der Zuflucht. Immerhin hat man hier auch den Prozess der Jean d'Arc erneut aufgerollt und sie von dem Vorwurf der Hexerei freigesprochen.«

»Paris ist überall Geschichte«, fügte Philippe hinzu, als wir später auf dem Vorplatz, wo Hanna und Gerard uns erwarteten, noch einmal einen Blick auf die Fassade der Kathedrale warfen. »... Geschichte und Gegenwart gleichzeitig ... es gibt nicht viele Städte auf der Welt, wo das so eng ineinanderfließt und so glücklich miteinander verwoben ist.«

Damit hatte er wohl recht und ich fand, dass er einen ganz coolen Stadtführer abgab. Von dem würde ich mich gerne weiter durch die Pariser Sehenswürdigkeiten schleifen lassen. Aber die Füße taten mir nun trotzdem weh.

Ich hing also voll schlaff vor meinem Tagebuch und verschwendete mehr als einen Gedanken an den wirklich außergewöhnlichen Bruder von Gerard, als Hanna klopfte.

»Die Jungs wollen heute Abend mit uns in einen Jazzklub gehen, ist das okay für dich?«

Nachdem ich gestern auf dem Markt schon mehrere Gruppen Jazz hatte spielen hören, war ich davon nicht so wirklich erbaut. War schon ein bisschen old school. Aber Hanna schien sich mal wieder total wegzufreuen.

»Hast du ›Jungs‹ gesagt?«, fragte ich aber erst mal. Denn das konnte ja nur heißen, dass dieser fabelhafte Philippe auch mitkommen würde. Das klang gut. Der würde sich wenigstens mit mir beschäftigen, wenn Hanna mal wieder nur noch Augen und Ohren für ihren Liebsten hatte.

SPÄT AM ABEND ... SEHR SPÄT!
à minuit

Wir waren im Studentenviertel in einem Jazzkeller, weil Philippe meinte, das gehöre zu Paris und dem Quartier Latin einfach dazu. Er könnte jeden Abend in so einer Jazzkneipe beschließen.

Hanna und ich konnten damit erst nicht wirklich was anfangen. Jazz ist ja nicht so unser Ding. Später verstand ich ihn dann, weil man nämlich offenbar dort seine Freunde traf. Dafür war das wirklich doch ganz gemütlich und man konnte sich in dem Kellergewölbe sogar prima unterhalten, weil die Musik nicht so laut dröhnte wie in einer Disco. Ein paar Leutchen schoben auch einen Blues auf der Minitanzfläche, aber das war mir zu blöd ... wenn ich tanze, dann richtig abhotten! Philippe und Gerard begrüßten einige andere Jungs und Mädchen, die eng beieinanderhockten und Wein tranken. Gleich wurden wir aufgefordert, uns dazuzusetzen. Klar, dass die sofort wissen wollten, wer Hanna und ich waren. Gerard stellte Hanna sichtlich stolz als seine *Amie* vor, während Philippe den Ausdruck *Copine* wählte, was Freundin oder Bekannte heißen konnte ... also mehr so in Richtung Kumpel tendierte. Daraufhin bekam er aber ein paar anzügliche Bemerkungen zu hören, die ich als Anspielungen auf sein Singleleben auffasste, dass er endlich mal beenden könnte.

Aha, Single also. Da hatte Hanna mit ihrer Meinung, dass er garantiert schon vergeben wäre, schiefgelegen. War mir nicht so unrecht, musste ich zugeben. Die Jungs quatschten noch ein bisschen in einem mir nicht immer verständlichen Slang, in denen Worte wie *draguer* und *bien roulée* fielen, was wie ich später erfuhr so viel wie »Aufreißer« und »gut gebaut« bedeutete. Was sich wohl auf unsere Jungs und Hanna und mich bezog. Na ja, wenn die meinten. Unter »Aufreißer« verstanden wir in Deutschland allerdings ein bisschen was anderes, aber gut gebaut waren wir natürlich. *GG* Als dann einige Mädchen anfingen mich auszuquetschen, musste ich allerdings ganz schnell passen. Mein Französisch war einfach zu schlecht. So grinsten wir uns mehr oder weniger freundlich an und ich begann mich etwas zu langweilen.

Hanna kriegte ja von all dem kaum was mit, die klebte so was von eng an Gerard, dass man denken konnte, sie wären zusammengewachsen. Zumindest am Mund. Philippe merkte mein wachsendes Unbehagen und schleppte mich gegen meinen Widerstand auf die Mini-Tanzfläche. Da tanzten wir Klammerblues und ich driftete in Philipps Armen ja so was von weg ... Nein, ich habe nicht einen Tropfen Alkohol getrunken nur Cidre ... äh ... ja ... also fast keinen Alkohol ... jedenfalls war der nicht daran schuld, dass ich in Philippes Armen zu träumen begann ...

Später haben wir uns dann ans Ende eines Tisches gesetzt, wo wir mehr für uns waren, und haben geredet. Philippe hat schon eine tolle Art und er kennt die Bücher von Precht, auch das über die Liebe und da hatten wir echt einen Anknüpfungspunkt ... er findet ihn nämlich auch gut.

»So klar und einfach will ich den Franzosen später auch mal die Philosophie erklären«, meinte er.

Ich nickte lachend. »Dann fang mal an, kannst mich gerne als Versuchskaninchen nehmen!«

Das hat er dann tatsächlich getan. So ein Jazzkeller ist doch cooler, als ich gedacht habe, und mit Philippe dort in die Nacht hinein zu philosophieren ist ... das kann ich ganz schlecht beschreiben, wie das ist. Man sitzt so eng beieinander zwischen all den anderen Leuten, da ist die Musik – Saxophon, Trompete und Klavier –, richtig old school ... die tropft von der Gewölbedecke auf einen runter und vermischt sich mit den Gesprächsfetzen um einen herum. Das hüllt einen irgendwie ein und dennoch hab ich mich wie auf einer Insel gefühlt, alleine mit Gerards tollem Bruder und seinen spannenden Gedanken zum Leben, zur Liebe ... so was habe ich noch nie erlebt.

Als ich das sagte, meinte er lachend: »Du bist ja auch in einer anderen Welt. In den Jazzkneipen hat Paris etwas von dem Geist der 40er- und 50er-Jahren konserviert, als Jean-Paul Sartre und seine Freunde hier hockten und kühne Ideen zum Existenzialismus ausgebrütet haben ...«

Das konnte ich mir, nachdem mir Philippe dazu mehr erzählt hatte, dann auch gut vorstellen, denn diese ... diese Atmosphäre, die regt einfach dazu an ... ich ... äh ... bekam auch schon ein paar kühne Gedanken, sehr kühne ... viel zu kühne. Der Typ hat mich einfach geflasht! Lass ich jetzt mal so stehen.

PS: IMMER NOCH MONTAG – GRADE SO 5 MINUTEN VOR MITTERNACHT

Heute war übrigens der Tag der Deutschen Einheit. Und ich habe dran gedacht. Also grade jetzt, beim nahezu letzten Glockenschlag. Bisschen spät, gebe ich ja zu, aber ich bin hier auch eigentlich viel zu sehr abgelenkt, um an zu Hause und dann noch an solche Feiertage zu denken. Wenn ich überhaupt an Deutschland denke ... in der Nacht ... dann bin ich zwar nicht um den Schlaf gebracht, weil der mich nämlich noch gar nicht erreicht hat, sondern weil mir Markus fehlt. Und ich mir Sorgen mache. Die haben sogar einen

konkreten Anlass, er hat mir nämlich irgendwann heute eine SMS geschickt, die ich natürlich nicht gelesen hab, weil mein Handy in der Wohnung lag. Und da hat er mir doch mitgeteilt, dass Vanessa vom Pferd gefallen ist. Von Sarabande.
Ich glaube, ich rufe ihn mal an. Ist ja noch Feiertag in Deutschland und schon spät, da kann es so teuer ja nicht werden. Hm, der schläft doch hoffentlich noch nicht?
Er ging tatsächlich dran, und natürlich fragte ich gleich nach dem Unfall. Wollte schließlich wissen, was da so mit Vanessa bei meinem Freund abging.
»Warum lässt du sie denn auch auf Sarabande reiten?«, fragte ich leicht angesäuert.
»Weil sie so lange gebettelt hat«, antwortete Markus sachlich, ohne auf meinen Tonfall einzugehen.
»Ich hätte dich für widerstandsfähiger gehalten. Und nun?«
»Sie hat 'ne Prellung am Bein und sitzt im Rollstuhl von meinem Vater.«
»Toll. Kann sie nicht nach Hause fahren?«
»Sie will nicht, sie meint, sie hätte den Kurs bezahlt und wolle bei ihren Freundinnen bleiben.«
»Shit.«
»Finde ich auch. Warum bist du nicht hier?«
»Weil ich in Paris bin.«
»Mist! Ich liebe dich!«
»Ich dich auch!«
»Schlaf gut, träum schön.«
»Du auch.«

Philippe mag ja gut aussehen und sehr klug sein, aber ich liebe nur Markus und es ist schon traurig, dass er nicht mitkommen konnte. Ich werde auf jeden Fall noch mal mit ihm hierherfliegen. Und in eine Jazzkneipe gehen wir dann auch. Unbedingt!

DIENSTAG · mardi
MORGENS · le matin

Gut, das war also die Nacht. Ich bin nicht wirklich ausgeschlafen heute, und als ich grade in die Küche pilgerte, konnten die Croissants und der schlechte Kaffee meine Stimmung auch nicht heben.
»Der Kaffee ist nicht schlecht«, widersprach Hanna meiner miesepetrigen Bemerkung.
»Doch, der ist schlecht, guten Kaffee gibt es nur in Deutschland und in Holland und in Dänemark, habe ich empirisch erforscht. In Frankreich und Spanien ist der Kaffee eigentlich ungenießbar.«
»Dann trink halt Café au lait.«
»Was meinst du, was ich mir grade in die Tasse kippe?« Ich ging zum Kühlschrank. »Ich will jetzt was Anständiges frühstücken.«
Der Cidre vom Fass, à la pression, gestern schmeckte wohl dünner, als er wirklich war, vermutlich hatte er genauso viel Alkoholgehalt wie ein Bier in Deutschland. Mir war jedenfalls irgendwie flau im Magen und dabei hatte ich nur zwei kleine Gläser getrunken.

»Was macht das für einen Sinn, neben einem vollen Kühlschrank zu verhungern. Blanche hat gesagt, wir dürfen uns alles nehmen, was wir wollen … und ich will jetzt Rühreier.«

»Da sage ich auch nicht Nein«, meldete sich eine dunkle Männerstimme von der Tür. »Du machst doch sicher gerne für mich welche mit?«

Es folgte ein warmes Lachen und mir rieselte eine Gänsehaut den Rücken runter. Merde! Das ging jetzt aber gar nicht. Philippe war lediglich Gerards Bruder und sonst nichts. Auf keinen Fall jemand, bei dem ich ein Kribbeln kriegen sollte. Non … Das ist gar nicht rigolo - wirklich nicht lustig!

»Ja, ich mach dir gerne welche mit und Gerard natürlich auch. Wie haltet ihr es nur mit diesen trockenen Croissants aus?«, sagte ich dennoch so gefasst wie möglich.

»Oh, wir haben auch Baguette und Marmelade von bonne maman …«

Gerard betrat noch etwas verschlafen die Küche und ließ sich an dem gemütlich gedeckten Tisch nieder. Dankbar nahm er den Becher mit Kaffee aus Hannas Hand entgegen.

»Du bist eine echte Chérie«, sagte er dabei und begann, gierig zu trinken.

»Willst du auch Rühreier?«, fragte ich noch mal zur Sicherheit.

»Oui, sehr gerne. Merci.«

Ich schlug also ein Dutzend Eier in eine Schüssel und rührte sie kräftig durch, gab einen Schuss Milch dazu,

Pfeffer und Salz und erhitzte dann Olivenöl in einer Pfanne.
Bald stockte die Ei-Masse darin und es duftete verführerisch. Ich schnitt Schinken klein, vermischte ihn mit etwas Petersilie und streuselte alles über das Ei. Dann rührte ich noch mal kräftig durch und gab jedem eine Portion auf den Frühstücksteller.
»Du auch, Hanna?«
Ich dachte, sie würde rein aus Prinzip Nein sagen, tat sie aber nicht, sondern nickte und der Glanz in ihren Augen sprach für sich. Die konnte nach gestern Abend sicher auch was Kräftiges vertragen.
»Hm, délicieux«, sagte Philippe nach dem ersten Bissen. »Ich denke, deutsche Mädchen können nicht kochen.«
»Dann hast du falsch gedacht«, sagte Hanna in ihrer wie immer sehr geraden Art. »Mila ist alleinerziehende Tochter, die kocht zu Hause immer – und zwar supergut.«
Mich traf ein irgendwie seltsamer Blick von Philippe … Verwunderung oder Respekt? Schwer zu sagen.
»Dann sie kann vielleicht einen Abend mal für uns alle kochen?«, meinte Gerard.
Oh, nee! Was hatte Hanna mir denn mit ihrer unüberlegten Bemerkung jetzt wieder eingebrockt? Reichte es nicht, wenn ich mich ständig in irgendwelche unangenehmen Situationen quatschte? Musste sie jetzt auch noch damit anfangen?
»Klar, macht sie bestimmt gerne … wir planen einen deutschen Abend, so als Dankeschön für eure Eltern«,

fügte sie nun auch noch hinzu, um das Maß der Peinlichkeit vollzumachen. Und die wollte meine Freundin sein!
»Eine wunderbare Idee«, fand auch Philippe und nahm sich eine weitere Portion Rührei aus der Pfanne. Jedenfalls herrschte nun erst mal gefräßiges Schweigen.
»Sensa, das war gut«, meinte Philippe schließlich und lehnte sich zurück. »Dann sind wir ja gestärkt für die große Tour durch den Louvre.«
»Oh, wirklich? Ihr wollt mit uns heute den Louvre besichtigen? Wie toll.« Ich hatte es gar nicht abwarten können.
Ein Blick aus dem Fenster zeigte zudem, dass es regnete, und so war es absolut passend, den Tag in einem Museum zu verbringen.
»Gut, wenn ihr einverstanden seid, dann besorge ich eben Online-Tickets, das erspart uns die Schlange«, sagte Philippe. »Vermutlich sind wir ja nicht die Einzigen, die spontan auf die Idee gekommen sind, vor dem Regen in den Louvre zu fliehen.« Nett, dass er sich so nützliche Gedanken machte.
»Okay, dann holt eure Sachen«, schlug Gerard vor. »Wir uns treffen in 10 Minuten im Entrée.«
Ich warf das Geschirr in die Spülmaschine und sauste in mein Zimmer, wo ich in die warme Jacke schlüpfte und nach meinem kleinen Rucksack und dem Fotoapparat griff. Durch den Regen hatte es sich bestimmt abgekühlt und im Louvre gab es garantiert jede Menge schöne Motive für Fotos.

Ein Tag im Louvre: Engel ohne Kopf und Mona Lisas Lächeln

Als wir den Louvre erreichten, hielten sich die Schlangen vor den Eingängen sogar in Grenzen, weil die Touristenbusse offenbar noch nicht da waren. So kamen wir dann doch vergleichsweise schnell an den Ort meiner Träume.

Wow! Der Louvre ist wirklich das geilste Museum, das ich je gesehen habe ... wobei die auf der Museumsinsel in Berlin auch toll sind und die Alte Pinakothek in München und selbst das Museum in unserer Stadt mit seinen riesigen Gemälden von Rubens und Rembrandt. Aber im Louvre ist natürlich alles noch viel, viel größer. Philippe hat gesagt, er wäre das drittgrößte Museum der Welt.

»6 Hektar Ausstellungsfläche und fast 400.000 Kunstwerke, lasst das mal sacken, dann werdet ihr ehrfürchtig.«

Konnte er wohl sagen. »Äh, das schaffen wir doch nie!«, stöhnte ich also auch gleich auf.

Er lachte. »Keine Panik, ausgestellt sind davon nur so ca. 35.000.«

»Hach ja, nur ... die paar arbeiten wir doch mit links ab!«, flachste ich. »Und wo ist der Rest?«

»Der liegt in Asservatenkammern – so heißen die Archive für Museumsstücke. Ab und an wird dann in der Ausstellung was ausgetauscht, damit die Besucher auch mal was anderes zu sehen kriegen.«

Da befiel mich aber sofort eine Sorge.

»Äh, die Mona Lisa … die, die ist doch da, oder? Die hat doch niemand ausgetauscht, grade …?«

Gerard griente nun und sagte mit dem Ton eines Irrenarztes: »Mila, die tauscht hier doch niemand aus. Die nicht mal mehr wird ausgeliehen.«

Na, da war ich aber froh. Deren berühmtes Lächeln wollte ich nämlich unbedingt mal live sehen. Ob da wirklich was dran war, interessierte mich nämlich brennend.

Schon der Eingangsbereich mit der Pyramide hat mich voll geflasht.

»Das war ein ziemlicher Kulturkampf«, wusste Philippe zu erzählen. »Präsident Mitterand hat echt Prügel dafür gekriegt … also bildlich gesprochen.«

»Aber wieso?«, fragte ich. »Ich finde die sehr gelungen.«

»Ja, heute man sieht das anders«, meinte Gerard. »Aber als sie wurde eröffnet in 1989, viele haben nur geschimpft darüber.«

»Dabei ist sie so ein wunderschöner Abschluss für eine der Hauptachsen der Stadt«, sagte Philippe und deutete nach Nordwesten, über den Park der Tuilerien, wo der Obelisk am Place de la Concorde zu sehen war. »Sie führt von hier über die Champs-Élysées, den Arc de Triomphe bis hin zum Grand Arche de la Défense. Die ultimative Verbindung des Historischen mit der Moderne.«

Aha. Das nahm ich dann mal so hin, denn so

weit konnte man leider nicht gucken ... wegen des Regens und vermutlich auch schon wegen der Erdkrümmung nicht.

Philippe spürte meine Skepsis und versprach: »Ich werde es dir zeigen und du wirst staunen ... versprochen.«

Also gut. Philippe wusste ja unheimlich viel, aber alles war dann auch nicht so mega spannend. Ich hatte genug von Achsen und Pyramiden und wollte endlich in den Louvre rein. Mit den Online-Tickets mussten wir wenigstens nicht lange anstehen. Wir ließen unsere Jacken an der Garderobe, denn Gerard meinte, die Museumsräume wären gut temperiert.

Philippe nahm einen der Pläne und fragte: »Okay, was wollt ihr sehen, Mademoiselles?«

»Was steht denn zur Auswahl?«

»Acht verschiedene Abteilungen in drei Flügeln des Gebäudes«, war seine unpräzise Auskunft.

»Geht's auch inhaltlich?«, muffelte ich.

»Oui, nicht so ungeduldig. Ein bisschen sollt ihr schon von der enormen Größe dieses Museums mitkriegen.«

»Ja klar, aber sag doch mal, was es so gibt! Ich hab keinen Schimmer, außer dass die Mona Lisa hier hängen soll ...«

»Okay. Also es gibt: griechische, römische, etruskische Sammlungen, Ägypten und der Orient ... das sind vor allem Skulpturen und Schmuck aus Grabbeigaben und so was ...«

»Ägypten finde ich toll«, sagte ich und dachte an den beeindruckenden Besuch im Pergamon- und Bodemuseum in Berlin. Wir haben da ja immerhin auch eine ziemlich coole Sammlung und die Nofretete!

»Was noch?«, wollte Hanna wissen.

»Hauptsächlich Malerei. Renaissance, Italiener und Flamen ... Franzosen natürlich, viele große Galeriesäle voll ... Rubens, Rembrandt und ... die Mona Lisa.«

»Die will ich auf jeden Fall sehen«, kreischte ich und fügte kichernd hinzu: »Mona Lisa sehen und sterben!«

Philippe lachte. »Non, das würde ich nicht empfehlen, dafür nicht. Das lohnt sich nicht.«

»Ist sie nicht schön?«

»Doch ... sehr schön ... aber man muss für sie wirklich nicht sterben.« Und leise flüsterte er mir zu: »Nicht mehr als für eine Mila jedenfalls.«

Wusch, mein Kopf sah schlagartig bestimmt aus wie ein roter Luftballon und kurz vorm Platzen stand er auch. Wie konnte er so was nur sagen?! Peinlich!

Aber recht hatte er dann natürlich mal wieder damit. Ich hatte sie mir wirklich etwas großartiger vorgestellt – vor allem größer. Das war ja fast eines der kleinsten Gemälde des ganzen Louvre!

»Leonardo hat es immer mit auf seine Reisen genommen«, meinte Philippe auf meine frustrierte Bemerkung grinsend. »Da hättest du dir doch eigentlich denken können, dass es nicht allzu groß sein konnte.«

Püh. Klugschwätzer. Woher sollte ich wissen, dass der Meister die Dame ständig im Handgepäck hatte?

Okay, also Mona Lisa. Ist ja Pflichtprogramm. Bis ich endlich einen Blick aus der Nähe auf sie werfen konnte, musste ich lange warten. Die Besucher klumpten sich vor ihr und besonders die Japaner waren ganz wild darauf, einen Blick auf sie zu erhaschen, d.h. vor allem ein Foto zu schießen. OMG, vor lauter hochgereckten Digicams sah man von dem Bild zeitweise ja gar nichts mehr.

Aber dann, als ich endlich doch vor dem durch eine Absperrung gesicherten Gemälde stand, das gut ausgeleuchtet einfach an der Wand hing, da zog es mich schon auch in seinen Bann ... dieses geheimnisvolle Lächeln von *La Gioconda*.

»Der Leonardo hat bestimmt was mit der gehabt«, meinte Hanna, und dieser Ansicht konnte ich mich nur anschließen. Warum auch hätte er das Porträt sonst immer mit sich rumschleppen sollen?

Okay, was habe ich noch gesehen?! In der ägyptischen Abteilung eine in ein Tonnengewölbe eingesperrte Sphinx mit einer fehlenden linken Pfote. Das hat mich nun nicht so geflasht, und ich finde, eine Sphinx gehört frei stehend auf einen Sockel, da wirkt sie dann viel imposanter ... aber vielleicht stammte diese hier ja aus einem Grab ... wusste man's?

»Tanis«, meinte Philippe. Sagte mir nix. Bei uns stammte alles aus Karnak oder Gizeh oder dem Tal der Könige ...

Aber sonst gab es allerlei schöne Grabbeigaben und eine Statue von einem Schreiber, aber der war schon etwas ... spätägyptisch, das stand jedenfalls dran, und ziemlich bunt angemalt ... ich mag es ohne Farbe lieber. Obwohl, dieser fette Lidstrich – der hatte was von Amy Winehouse.

In einem gewaltigen Treppenhaus liefen wir dann direkt auf die *Nike von Samothrake* zu. So eine weibliche Ausgabe des kopflosen Nick aus Harry Potter. Nein, Quatsch. Ganz schön und edel, aber leider ohne Kopf ... dafür hatte sie zwei herrliche Flügel. Ganz einsam stand sie da auf ihrem Sockel, von oben durch eine Fensterrosette beleuchtet ... tja ... wunderschön ... aber eben kopflos.

Die Venus von Mila ... nein ... Milo, die hatte einen Kopf, einen hübschen, mit gut frisierten Haaren ... dafür hatte sie keine Arme, aber einen prächtigen – nackten – Busen. Den Jungs hat sie gefallen, mehr als die Nike, weil die ein aus Stein gemeißeltes Brusttuch drüber hatte ...

»Die Ausgewogenheit von die Proportionen«, faselte Gerard Hanna was vor, »das ist, was macht griechische Skulpturen so edel.« Ja, klar!

Ich fand allerdings Amor und Psyche ganz süß, die so lustvoll ineinander verschlungen auf einem kleinen runden Felsen hockten ... Da hatte man das Gefühl, dass die echt aufeinander abfuhren. Natürlich auch wieder sehr leicht bekleidet ... aber der Amor hatte ja wenigstens Flügel ... kicher.

Hanna fand die beiden auch süß ... aber Gerard war es dann wohl etwas peinlich, als wir anzüglich kichernd davorstanden.

Also schleppten uns die Jungs nun erst mal ins Museumsrestaurant, damit sich bei einem kleinen Mittagsimbiss unsere Füße etwas erholen konnten, ehe es weiterging.

»Wie wäre es zur Abwechslung mit ein paar schöne Gemälde?«, fragte Gerard und weil er wohl weitere Anzüglichkeiten angesichts leicht bekleideter Skulpturen vermeiden wollte, führte er uns in einen Saal mit Französischer Malerei.

Diese Galerie-Säle im Louvre, die sind schon atemberaubend ... endlos lang, ein Saal nach dem anderen, darüber ein Glasdach, das ein ganz besonderes Licht gibt. Wir waren sogleich erschlagen von der Unmenge an riesigen Gemälden. Wo bei uns im Museum fünf von dieser Sorte die Wände zierten, hingen hier fünfzig! Wow!

»Was wollt ihr sehen?«, fragte Philippe noch mal.

Aber wir zuckten nur die Schultern.

»Zeigt uns was, was ihr wichtig und schön findet. Wir sind da ganz offen.«

Okay, wir durften dann erst mal das wahnsinnig eindrucksvolle Gemälde »Die Freiheit führt das Volk« von Eugène Delacroix bestaunen, und ich muss sagen, dass es sofort zu einem meiner Lieblingsgemälde geworden ist. Es zeigt eine Frau mit nacktem Busen – das musste irgendwie wohl sein – und der französischen Flagge. Sie steht auf einem Haufen von uniformierten Leichen, hinter ihr qualmt das brennende Paris. Rechts neben ihr fuchtelt ein Junge mit einem Barett auf dem Kopf wild mit zwei Pistolen in den Händen herum. Rechts von ihr formieren sich die Aufständischen. Wirklich beeindruckend, weil die Französische Revolution für mich dadurch regelrecht lebendig wurde.

Gut, irgendwann konnte ich nicht mehr und ließ mich auf eine Bank fallen.

»Ich streike«, sagte ich.

»Tja, an einem Tag den ganzen Louvre sehen zu wollen, das ist ein bisschen viel«, gab Philippe grinsend zu.

»Ja, ja, du hast ja recht, aber ich finde, es hat sich doch bisher schon gelohnt. Aber ehrlich gesagt geht mehr auch gar nicht in mich rein – ob meine Füße nun streiken oder nicht ... ich bin jetzt übersättigt.«

Das brachte Gerard auf die Idee, dass wir nun zwar mit viel Kunst angereichert waren, aber unsere Mägen mal wieder eine kleine Stärkung vertragen könnten. Und so pilgerten wir denn zu einem der Cafés und entspannten unsere Füße bei Café und leckerem Kuchen. Ah, das tat gut.

Hanna und ich haben beschlossen, auf jeden Fall an einem anderen Tag noch mal in den Louvre zu gehen, aber für einen ersten Eindruck von diesem gewaltigen Museum war der Regentag perfekt gewesen.
Und ich habe die Mona Lisa von Leonardo da Vinci gesehen, und die kopflose Nike und die halbnackige Venus von Milo … und bin jetzt ein Fan von Delacroix. Na bitte!
Heute Abend noch mal Jazzkeller, hat Philippe vorgeschlagen, das wäre doch ein angemessener Ausklang für einen solchen kulturell besonderen Tag.
Recht hatte er, aber als ich dann nach einem leichten Abendessen mit der Familie in mein Zimmer pilgerte und mich dort kurz auf mein Bett legte, bin ich wohl sofort eingeschlafen. Jedenfalls wachte ich erst mitten in der Nacht wieder auf und fand einen Zettel auf meinem Beistelltisch, auf dem Hanna mir mitteilte, dass sie mich nicht hätte wecken wollen, aber auch nicht mehr weggegangen sei.
Ich drehte mich auf die andere Seite und pennte weiter.
Paris ist so wundervoll … aber es ist auch ganz schön anstrengend. Bonne nuit!

MITTWOCH · mercredi

Da es am Morgen immer noch regnete, war heute ein weiteres Mal Kunst angesagt. Moderne Kunst in einem megamodernen Gebäude. In Paris, das hatte ich inzwischen gelernt, ist vieles ein bisschen größer als anderswo, jedenfalls als bei uns in Deutschland. Da kamen nicht mal Berlin und München mit. Das Centre Georges Pompidou, dieses modernistische Museum, ist so ein gigantisches Gebäude. Außerdem natürlich nicht nur groß, sondern auch berühmt. Ja, das ist die zweite Eigenschaft, die hier vieles hat – es ist nicht nur groß oder schön, sondern auch berühmt, also mehr oder weniger eine Sensation. Super sensa!

Viel Glas und bunte Röhren – Im Centre Georges Pompidou

Das Museum war schon etwas Besonderes, allein die Architektur! Mutig, mitten zwischen all den alten Häusern so ein Ding aus Glas zu bauen, eingewickelt in bunte Rohre …

»Das sind die ganzen Versorgungsleitungen«, erklärte Philippe. »Es war ein geschickter architektonischer Kunstgriff, die außen um das Gebäude zu führen und bunte Designakzente damit zu setzen. Die blauen Röhren sind Luftschächte und in den gelben und grünen verlaufen Strom- und Wasserleitungen.«

»Nicht schlecht«, fand Hanna, »so kann man Design mit dem Nützlichen verbinden.«

Philippe lachte. »Das sagst du, aber was meinst du, was das hier für einen Aufstand deswegen gegeben hat. Der arme Georges Pompidou musste als Präsident ordentlich Prügel dafür einstecken.«

»Das verstehe ich nicht«, sagte Hanna, und auch ich fand das Gebäude gar nicht so schlecht. »Muss ja ein regelrechter Kulturkampf hier geherrscht haben! Warum schlagt ihr immer erst die Leute mit coolen Ideen und baut dann doch?«

Gerard nahm sie in den Arm. »Ja, warum? Ich weiß nicht, so wir eben sind, wir Franzosen, eigentlich konservativ, aber wenn dann die Revolution hat angefangen, wir alle schließen uns an.«

Na toll! Ich schielte zu Philippe rüber und merkte, dass er nicht ganz einverstanden war mit dem, was sein Bruder sagte. Jetzt bloß keine Debatte, dachte ich und zog ihn zu der außen an der Fassade verlaufenden Rolltreppe, die regensicher durch eine Plexiglasröhre bis auf die verglaste Dachterrasse führte.

Auf jeder Etage gab es einen Ausstieg. Und als wir damit fuhren, äh … rollten, war das ein schöneres Erlebnis, als ich es erwartet hatte, denn je höher man kam, desto spektakulärer war der Blick über die Dächer von Paris.

Wow! Von ganz oben konnte man im Norden Sacré-Cœur sehen und im Westen den Eiffelturm und natürlich auch die von Philippe so gepriesene Achse – Louvre – Arc de Triomphe – La Défense. La Défense, dieser hypermoderne Stadtteil, ragte in der Ferne mit seinen Hochhäusern wie eine Insel aus dem Dunstschleier, den der Regen hinterlassen hatte. Im plötzlich durchbrechenden Sonnenlicht schien ganz Paris zu dampfen. Ein faszinierendes Bild ...

Natürlich besuchten wir im Centre Pompidou auch das Musée National d'Art Moderne, aber ehrlich gesagt war ich nach einer Stunde von der modernen Kunst regelrecht erschlagen. Ich verschwand schließlich mit Hanna auf die Toilette.

»Und? Wie findest du es?«, fragte ich gleich.

»Geht so, etwas eintönig ... und eigentlich verstehe ich vieles auch gar nicht ... ist zwar dekorativ, aber hinhängen würde ich es mir nicht ... was soll ich zum Beispiel mit 16 Quadratmetern Leinwand mit nichts weiter drauf als vier verschiedenfarbigen Streifen auf weißem Grund ... kann ich mir doch selber machen, statt Millionen dafür auszugeben. Dann schon lieber die Mona Lisa. Im Louvre fand ich es besser.«

Ich stimmte ihr zu. »Sind wir jetzt Kulturbanausen?«

Hanna grinste. »Bestimmt! Einfach zu unreif für moderne Kunst.«

Ich nickte. »Klar, wahrscheinlich muss man wirklich etwas älter dafür sein. Obwohl, Niki de Saint Phalle und Andy Warhol finde ich gut, die würden auch in mein Zimmer passen – zu meinem Popsofa.«

Wir gingen dann noch auf einen Cappuccino in das Museumscafé. Weil man da freien Internetzugang hatte und grade ein PC frei war, setzte ich mich schnell mal ab und schrieb Markus ganz authentisch eine Mail:

`Hallo Markus! Stell dir vor, ich schreib dir aus dem Centre Pompidou, das ist total cool. Du müsstest hier sein. Ich lieb dich so! Mila!`

Unten auf dem Platz war ein großer Brunnen und da standen dralle bunte Nana-Figuren von Niki de Saint Phalle. Im Souvenir-Shop kaufte ich zwei Miniausgaben davon. Genauso knallbunt und mit fettem Po und Busen. Geil!

Außerdem gab es eine bewegliche Skulptur von Tinguely, mit sich drehenden und Wasser speienden Vögeln. Sah cool aus. Ich hätte denen ewig zuschauen können.

Ich war dann richtig gut drauf, als wir durch eine Fußgängerzone schlenderten, in der überall junge Leute abhingen, Künstler das Pflaster bemalten oder ihre Staffeleien aufgestellt hatten und für ein paar Euros mehr oder weniger ähnliche Blitz-Portraits von den Touristen anfertigten.

»Lass dich porträtieren«, sagte Gerard plötzlich zu Hanna. »Ich gerne hätte ein Bild von dir, ich bezahle es auch.«

Hanna winkte ab, aber Gerard bestand darauf. »Sei keine Spielverderber, es ist doch nur eine Spaß!«

Und weil Philippe diesen Gedanken sofort aufgriff, hockte schließlich auch ich auf einem ranzigen Hocker und spielte das Modell für einen mittellosen Kunststudenten, der sich auf diese Weise ein paar Euros zum Studium dazuverdiente. Na gut, dann war es wenigstens eine gute Tat.

Ich fand das Ergebnis zwar grauenvoll, aber weil Philippe total begeistert war, schenkte ich ihm das Bild, statt es in einen Mülleimer zu entsorgen.

Er rollte es mit einem irgendwie spekulativen Grinsen ein und trug es für den Rest des Ausflugs wie eine Trophäe mit sich herum. Hm, sollte man Brüdern von Freunden der Freundin vielleicht lieber keine Porträt-Skizzen von sich schenken? Das ... äh ... konnte er doch nicht falsch verstehen, oder? Das war doch nur ein Spaß!

Schließlich erreichten wir das Ziel unseres Spaziergangs, das die Jungs ganz unauffällig angesteuert hatten: Das Forum des Halles im Quartier der alten Markthallen, also dem ehemaligen Großmarkt von Paris.

»Den ›Bauch von Paris‹ hat der große sozialkritische Schriftsteller Émile Zola es genannt«, erklärte Philippe.

»Sehr treffend«, fand ich und stellte mir sozusagen einen Superbauch vor, der nach entsprechender Zubereitung die einzelnen Bäuche aller Pariser füllte. Schlaraffenland nimm's in die Hand! Schade, dass es die alten *Halles* nicht mehr gab. Hätte ich mir gerne mal angesehen. Heute ist der Pariser Großmarkt irgendwo draußen in Rungis, weil das Gelände hier in der Stadt einfach zu klein geworden war ... alles, was davon übrig ist, sind ein paar alte Bistros, in denen man noch heute die berühmte mit Käse überbackene Zwiebelsuppe essen kann, mit der sich schon die Marktarbeiter gestärkt haben sollen.

»Muss man aber nicht, wenn man nicht auf Gasentwicklung im Bauch steht«, meinte Gerard mit einem anzüglichen Grinsen und wir ließen es darum. Wer hat schon Bock darauf, den ganzen Tag zu pupsen.

Aber in das Forum des Halles gingen wir dann schon. Das war ein riesiges Einkaufszentrum mit vielen interessanten Geschäften und Restaurants, und das Spannendste daran war, dass die meisten unterirdisch waren. Da es viele preiswerte Klamottengeschäfte, besonders auch mit junger Mode, gab, machte es uns Spaß, ein wenig zu stöbern. Ich erstand einen superhippen Minirock und Hanna ein krasses T-Shirt.

Aber die Jungs wirkten bald ein bisschen angenervt, schließlich schlug Philippe vor, ein paar Dinge für ein Picknick einzukaufen und uns zu den anderen jungen Leuten oben auf der Grünfläche der alten Markthallen zu gesellen.

Da das Wetter nun wieder sehr schön war, fanden wir das eine supertolle Idee.

»Dann lasst uns eine *Canard Laqué* beim Vietnamesen kaufen«, schlug Gerard vor. »Die ist einfach köstlich.« Also erstanden wir eine frisch gegrillte rot lackierte Ente, verzehrfertig in mehrere Teile zerlegt, und dazu im Supermarkt Baguette, Käse sowie je eine Flasche Rotwein und Wasser.

Im *Jardin des Halles* fanden wir sogar eine freie Bank und machten uns heißhungrig über unser Picknick her. Göttlich! Gerard hatte nicht zu viel versprochen, ich aß ja immer schon gerne Ente vom Chinesen, aber diese hier auf vietnamesische Art war einfach megalecker.

Wir gingen zurück zum Forum des Halles und stiegen in die Met. Ich freute mich auf mein Zimmer und später auf ein Schwätzchen mit Hanna, so von Frau zu Frau.

Die Jungs waren ja nett, aber immer musste ich die auch nicht um mich haben. Philippe wollte am Nachmittag sowieso noch in die Sorbonne, doch Gerard war ganz offensichtlich beschäftigungslos und pappte wie immer an Hanna dran.

»Du musst ihn auch mal wegschicken«, verlangte ich daher von ihr. »Das ist nicht gut, wenn ihr ständig aneinanderklebt ... und außerdem will ich auch mal was mit dir alleine unternehmen.«

Das sah Hanna ein und so wurde Gerard für den heutigen Nachmittag beurlaubt ... jedenfalls verkauften wir es ihm so: »Gerard, du musst jetzt auch mal eine Verschnaufpause haben, wirklich, wir kriegen ein schlechtes Gewissen, wenn du dich immer nur mit uns beschäftigst. Hast du eigentlich keine Freunde hier? Besuch die doch mal. Bitte, wir haben das Gefühl, dich auszubeuten. Du brauchst mal ein bisschen Erholung von uns.«

Er meinte zwar nicht, dass es nötig sei, begriff aber, dass hinter unserer Großzügigkeit der Wunsch stand, mal etwas alleine, ohne Männerbegleitung, zu unternehmen.

»Das ist wirklich total lieb von euch«, sagte er also schließlich. »Ich habe nämlich schon selber überlegt, wie ich es euch bringe bei, dass ich auch brauche ein bisschen Zeit für mein Freunde hier. Ich ja nicht komme so häufig nach Paris, darum wenn ich schon mal bin hier ...«

Hanna wurde fast sauer, als er das sagte. »Das hättest du doch längst mal von selber ansprechen können. Denkst du, ich möchte nachher vorgeworfen kriegen, dass ich dich von deinen Freunden abgehalten habe?«

Er lachte über ihren Zorn. »Ist ja gut, Chérie, dann ich das mache heute. Ich telefoniere gleich mit die Jungs. Macht euch eine schöne Frauennachmittag.« Prima!

Ja, darum ist jetzt hier erst mal Schluss und ich genieße den männerfreien Nachmittag mit Hanna. Wir werden ins Quartier Latin rübergehen, den Boul' Mich' und St. Germain unsicher machen.
Hach, ich liebe Paris und gerade diese Gegend hier, wo die Lezards wohnen, ist ganz optimal. Ja … wenn ich eine berühmte Schriftstellerin bin, dann ziehe ich auch hierher, setze mich vor das Café Les Deux Magots und schreibe einen Bestseller.
Bien sûr!

AM FRÜHEN ABEND

Wir machen grade mal einen Zwischenstopp bei den Lezards. Dann gehen wir wieder auf die Piste. Gerard hat Hanna nämlich geschrieben, dass er noch etwas länger mit seinen Kumpels Wiedersehen feiern will. Ist uns recht, denn dann können wir unsere Frauengespräche noch etwas fortsetzen. Ich habe ja bisher kaum was von Hanna gehabt.
Aber der Nachmittag mit ihr ohne die Jungs war wirklich richtig schön. Nur Kati hat ein bisschen gefehlt, aber wir haben ihr gleich eine megatolle Karte geschrieben. Die soll ja nicht glauben, dass wir sie vergessen würden.
In St. Germain haben wir ganz in der Nähe der Kirche vor einem netten Café gesessen und uns mal ordentlich ausgequatscht. Hanna hat mich gleich gefragt, wie ich denn nun Gerards Familie finde und ich hab

von ihr wissen wollen, ob das denn mit Gerard und ihr jetzt was Ernstes ist. Unsere Fragen sind so quasi über dem Tisch zusammengestoßen und wir mussten erst mal lachen.
Also ich glaube, wenn es nach Hanna geht, lässt sie Gerard nie wieder los. Na ja und er klebt ja sowieso an ihr wie Ultrakleber! Und ehrlich gesagt, bis auf die seltsame Émilie ist die Familie auch ganz in Ordnung.
»Jedenfalls stört sie nicht«, sagte ich grinsend, »die Eltern sind ja selten da.«
»Aber wenn sie da sind, sind sie doch nett, oder?«, wollte Hanna es doch ein wenig genauer hören.
»Total nett«, versicherte ich daher sofort. »Nur mein Französisch ist einfach noch zu mickrig, und da kapiere ich nicht immer alles, was die so sagen. Die reden ja so was von schnell, die Franzosen!«
Hanna nickte.
»Und diese Émilie«, schob ich nach, »die kriegen wir auch noch hin, da mach dir mal keinen Kopf.«
Sie lächelte herrlich tiefenentspannt.
Ich sah sie aufmerksam an. Der Glanz in ihren Augen erzählte mehr von ihrem Glück als all ihre Worte. Oh Mann, konnte Liebe schön sein. Warum zum Teufel war Markus nicht auch hier?

6. TAG

DONNERSTAG · jeudi

Heute haben Gerard und Philippe am Vormittag auch keine Zeit für uns. Gerard war erst spät in der Nacht wiedergekommen und hatte sich gleich erneut mit einem früheren Schulfreund verabredet. Mich wunderte das ja etwas, aber Hanna lachte nur und fand es gar nicht schlimm, denn der Weibernachmittag und -abend hatte uns sehr viel Spaß gemacht. Als sich Gerard per SMS abgemeldet hatte, waren wir auf eigene Faust noch ein bisschen um den Block gezogen und hatten uns dann in einer Charcuterie ein paar leckere Salate und Pasteten zum Abendessen gekauft. Mit denen hatten wir uns in die Küche gehockt, wo urplötzlich Émilie aufgetaucht war. Wir sprachen grade darüber, wann wir denn mal unsere längst geplante Shoppingtour einschieben könnten, die wir den Jungs natürlich nicht zumuten wollten, und die ohne Jungs auch sowieso viel cooler sein würde.
Wir boten Émilie an, sich doch an unserem Essen zu bedienen und weil es wohl zu unhöflich gewesen wäre, unser Angebot abzulehnen, setzte sie sich tatsächlich

zu uns. Hanna erzählte ihr natürlich gleich von unserem Plan. Ganz offensichtlich traute sie uns aber nicht zu, dass wir uns alleine zurechtfinden würden, denn sie meinte sofort, dass sie in der Nähe der Galeries Lafayette eine Freundin besuchen wolle und darum am besten mit uns zusammen dorthin fahren würde. So könnten wir uns nicht verirren und den Rückweg dann leichter finden. Hielt uns denn jeder hier für blöd? Berlin hatte auch eine U- und S-Bahn. Na gut, es konnte ja nicht schaden und wenn sie sich schon mal zu einer Freundlichkeit hinreißen ließ, wollten auch wir die nicht zurückweisen.

So werden wir also den heutigen Vormittag ohne Jungs zu einem Besuch der beiden größten Pariser Kaufhäuser, den Grands Magazins, Galeries Lafayette und Au Printemps nutzen, die beide in der Nähe der Oper am Boulevard Haussmann liegen. Haussmann war übrigens ein berühmter Architekt und Stadterneuerer, weswegen man diesen Boulevard nach ihm benannt hat. Das steht im Stadtführer, den ich sicherheitshalber mal mitnehmen werde. Man weiß ja nie.

Shoppen in Paris – und die Tücken der Metrostation Opéra

Émilies Begleitung war wirklich nicht nötig und die Fahrt ziemlich lächerlich. Wir stiegen wie immer an der Metrostation *Luxembourg* in die blaue Linie B der RER ein, mussten nur in *Châtelet/Les Halles* in die orangefarbene Linie umsteigen und dann gleich an der nächsten Station *Opéra* wieder aussteigen. Das schaffte ja ein Kindergartenkind der École Maternelle!

Aber es war ja nett, dass Émilie ihre Vorbehalte uns gegenüber inzwischen so weit aufgegeben hatte. Wir zeigten uns also dankbar und vergnügt und trennten uns vor den Galeries Lafayette.

Gut, dieses Kaufhaus ist eines der ältesten und größten von Paris; die Kuppel aus Glas und Stahl ist genial, das Treppenhaus phänomenal und die Lebensmittelabteilung echt krass. Natürlich war es ganz toll, da herumzuschlendern und den Duft der großen weiten Welt zu schnuppern. Aber von allem hatten wir in Berlin schon ein bisschen gesehen ... denn auch dort gibt es beeindruckende Konsumtempel. Die Parfums und Kosmetika, die meisten Klamotten-Labels und sogar Langusten und Hummer gab es in Berlin auch. Ist halt ebenfalls eine Weltstadt.

Aber gut, ich meckere nicht mehr ... die Pâtisserie und Chocolaterie war vom Allerfeinsten, und immerhin wurde dieser Schuppen zur gleichen Zeit wie der Eiffelturm erbaut, das nötigte uns schon ziemliche Hochachtung ab. Was man mit Stahl und Glas damals schon so alles anstellen konnte!

Wir gönnten uns an einem der Stände einen Café au lait und aßen ein kleines Schokoladentörtchen dazu, das einfach göttlich schmeckte, aber auch seinen Preis hatte. Dann schnüffelten wir die Klamottenabteilung durch und beschlossen, weil das alles ebenfalls reichlich teuer war, mal ein paar Häuser weiterzugehen und uns das Kaufhaus Au Printemps anzuschauen, das sogar noch 30 Jahre älter war als die Galeries Lafayette. Da führten sie auch viele preiswerte und trendige Marken für Jugendliche, und als ich die tolle Herbst/Winterkollektion von NAFNAF entdeckte, eines meiner französischen Lieblingslabels, da gab es kein Halten mehr – ich musste probieren.

Auch Hanna, die ja im Stil etwas krasser ist als ich, hatte gerade ihr Trendlabel gefunden und so stürmten wir bald – beladen mit coolen Klamotten – die Umkleidekabinen.

»Oh Mann, ist das toll!« Ich konnte meine Begeisterung kaum zurückhalten. »Guck mal, und soooo günstig! Ich find es echt blöd, dass man diese Teile höchstens mal in Berlin kriegt ... du glaubst es nicht, aber selbst auf Mallorca in Artá haben die NAFNAF gehabt, nur bei uns natürlich nicht – Provinz!«

Hanna lachte und kam mit einem krassen Shirt und einer extremen Weste aus der Kabine.

»Und ... meinst du, meine Mutter fällt in Ohnmacht, wenn ich mit den Teilen nach Hause komme?«

»Auf jeden Fall! Die verbietet dir bestimmt, diese Sachen zu tragen. Jedenfalls in der Schule.«

Hanna kicherte. »Na, dafür habe ich sie eigentlich auch nicht gedacht. Meinst du, Gerard findet sie cool?«

»Bestimmt!«

Ich hatte eine ganz tolle Jacke an, aber die war dann doch zu teuer. Also blieb es bei einem sportlichen Sweatshirt in den Trendfarben der Saison.

Wir fuhren mit unseren Tüten noch in den sechsten Stock rauf und tranken eine Cola im Salon de thé, der von einer romantischen Glaskuppel mit Jugendstildekor überspannt wurde.

»Wollen wir was essen?«, fragte ich. Aber Hanna schüttelte den Kopf. »Ich hab keinen Hunger, du?«

Na ja, es war inzwischen fast Mittag ... vielleicht einen Salat? Aber andererseits konnten wir das Geld sparen, zurückfahren und uns schnell selbst in der Küche der Lezards einen kleinen Lunch zusammenstellen. Da war der Kühlschrank immer gut gefüllt und vermutlich kamen ja auch Gerard und Philippe bald heim.

Mittags wurde bei den Lezards eh nur individuell gelunched. Das war logisch, denn die Eltern waren meistens unterwegs und aßen dann außerhalb und wir trudelten ja auch nur sehr unregelmäßig ein. Richtig gut und ausgiebig wurde in Gerards Familie abends gegessen und das auch oft in einem der unendlich vielen Restaurants. Niemand wollte nach einem anstrengenden Tag noch in der Küche stehen. Das verstand ich gut, wenn ich zu Hause nicht kochen würde, dann würde meine Mam auch jeden Abend in ihrer Lieblingspizzeria abhängen. Die konnte nach einem Tag im Frisiersalon eh nur noch die Füße von sich strecken.

Wir wanderten also zur Metro-Station *Opéra*, die wirklich gigantisch ist und über total viele verschiedene Ebenen und unterirdische Bahnsteige verfügt. Aber wenigstens ist das Metrosystem relativ klar gegliedert und unsere Strecke war wirklich nicht kompliziert.

Schnell fanden wir die orangefarbene RER-Linie, und weil grade ein Zug einlief, rannten wir rasch auf den Bahnsteig, um ihn noch zu erwischen. Super, auf den letzten Drücker geschafft. Zufrieden plumpsten wir auf die Sitze. Metro fahren ist eigentlich ganz entspannt, auch wenn die Züge meistens sehr voll sind. Heute Vormittag hatten wir zudem Glück, denn es war noch keine Mittagspause. Eine halbe Stunde später, und es gäbe sehr viel mehr Gedränge.

Da wir nur eine Station fahren mussten, stand ich schon auf und stellte mich an die Tür. *Les Halles/Châtelet* war unsere Umsteigestation. Doch als der Zug hielt, war ich irritiert, denn auf dem Stationsschild stand *Auber*.

»Hanna, da steht was anderes. Weißt du, ob da noch eine Station dazwischen war?«

Hanna schüttelte den Kopf und zuckte mit den Schultern. Ein junger Mann drängte mich zur Seite, weil er offensichtlich aussteigen wollte.

»Hier müssen wir noch nicht raus, oder?«

Hanna schüttelte erneut den Kopf. »Nee … wenn nicht *Châtelet* oder *Les Halles* dransteht …«

Die Tür schloss sich wieder, und ehe wir noch

einen Entschluss gefasst hatten, fuhr die Bahn an. Da mir das nun doch etwas seltsam vorkam, schaute ich auf den Metroplan, der über einem Fenster neben der Tür hing. *Auber*, *Auber* ... da war nirgends eine Station *Auber* ...

»Gibt es nicht«, sagte ich zu Hanna. »Die Station ist bei der orangefarbenen Linie nicht verzeichnet. Haben wir einen falschen Zug erwischt?«

»Nein, auf keinen Fall. Ich weiß genau, dass es die RER-Linie A ist. Das steht ja auch dran.« Hanna starrte nun auch auf den Plan.

»Ach herrje«, rief sie plötzlich aus. »Wir fahren in die falsche Richtung.«

»Wie, was – falsche Richtung?«

»Na, guck doch!« Hanna reckte sich und deutete mit der Hand auf die Station *Auber*. Ach du Schreck, sie hatte recht, wir fuhren auf jeden Fall nicht nach *Châtelet/Halles,* sondern irgendwo anders hin.

»Ist doch nicht schlimm«, meinte Hanna jedoch gelassen, »dann steigen wir eben an der nächsten Station aus und fahren wieder zurück.«

»Aber, aber die nächste Station ist *Étoile/Charles-de-Gaulle*. Das ist noch ewig hin. Die RER hält nicht so oft wie die innerstädtischen Linien.«

Nun war Hannas Entdeckergeist geweckt. »Wohin fährt diese Linie denn überhaupt?«

Wir schauten auf das Ende der orangefarbenen Linie und schluckten: *»Défense?!«,* riefen wir gleichzeitig. Während es bei mir leicht panisch klang, schwang bei Hanna eindeutig Begeisterung in der Stimme mit.

»Wow, da wollte ich immer schon mal hin. Das ist ja dann wohl Schicksal.«

Hm, Défense? Was wusste ich über La Défense? Dass da eine ganz neue zweite City aus dem Boden gestampft worden war, mit Hochhäusern und allem Pipapo, Regierungs- und Bank- und Versicherungsgebäuden und einem gigantischen zweiten Triumphbogen, dem Arche de la Défense. Der alleine sollte schon eine Besichtigung wert sein, denn es wurde behauptet, dass in seinem Inneren locker die ganze Kathedrale Notre-Dame Platz finden würde ... was musste das für ein Ungetüm sein!?

»Und du bist sicher, dass wir dahin fahren sollen? Ganz alleine? Mit unseren Einkaufstüten?« Ich war noch etwas unentschlossen, obwohl unterschwellig in mir schon die Abenteuerlust brodelte. »Wäre es nicht doch besser, am *Étoile* auszusteigen und wieder zurückzufahren?«

»Quatsch, Mila-Hasenherz! So kenne ich dich ja gar nicht. Niemand erwartet uns schon zurück, ob wir dahin fahren oder nicht, ist ganz allein unsere Entscheidung und ich sage dir, das wird toll.«

»Und wir werden uns da auch nicht verlaufen?«

»Sind wir kleine Kinder? Nein, natürlich nicht.« Hanna blätterte in ihrem Mini-Stadtführer, den sie wohl ebenfalls sicherheitshalber eingesteckt hatte. Sixth Sense sozusagen.

»Die Station liegt direkt bei der *Esplanade de la Défense*, da sind wir mitten im Zentrum. Das wird so cool!«

»Und müssen wir nichts nachbezahlen?«

Hanna kicherte. »Mensch, Mila, was ist denn mit dir los, warst du nicht mal eine der berüchtigtsten Schwarzfahrerinnen unserer Klasse?«

Ich grinste schief. Das war ja wohl ein Unterschied, hier wollte ich dabei nicht erwischt werden.

»Meine Güte«, knurrte Hanna nun genervt. »Wenn jemand kontrollieren kommt, dann zahlen wir eben nach. Jetzt hör auf, sonst habe ich bald gar keinen Bock mehr.«

»Also steigen wir doch lieber am *Étoile* aus?«

»Nein!«

»Doch!«

Aber da hielt die Bahn auch schon, spie einen Pulk Passagiere aus, und ehe wir uns zu etwas entschlossen hatten, rauschte der Zug ohne Zwischenstopp weiter. Damit war die Sache besiegelt. Mila und Hanna fuhren ganz allein und von Sinnen nach La Défense. Na gut, jetzt gab es eh kein Zurück und schon begann es auch mir Spaß zu machen. Hanna und ich waren doch immer ein gutes Team gewesen und hatten was gewagt.

Okay, wir stiegen dann auch wirklich erst in *La Défense* aus, und da verschlug es uns gleich die Sprache.

Das war noch bombastischer als das Frankfurter

Bankenviertel. Riesige Hochhäuser ragten neben uns auf, und nur ein paar Schritte von uns entfernt stand der gigantische neue Triumphbogen, der Grande Arche. Wir pilgerten natürlich sofort hin, allein für den hatte sich unser Tripp echt gelohnt! Riesige Wasserfontänen stiegen an seinem Fuß auf, und wir ließen uns auf einer der Bänke dort nieder und betrachteten durch den Wasserschleier eine Weile dieses gewaltige Monument.

»Die sind schon ein bisschen größenwahnsinnig, die Franzosen, findest du nicht?«

Hanna lachte.

»Doch, könnte man sagen, sie sind ja auch die Grande Nation ... aber sie haben Visionen und setzen sie auch um ... Ich finde es cool, dass sie die Hochhäuser hierhin gebaut haben, und nicht die Innenstadt ihrer Hauptstadt damit verschandeln.«

Da musste ich Hanna recht geben und seltsamerweise fand ich die Hochhäuser auch gar nicht schlimm, alles passte irgendwie gut zusammen – mögen musste man es ja nicht unbedingt, aber das Viertel war bestimmt gut geplant und auch praktisch, um hier zu arbeiten ... nehme ich jetzt mal an. Aber so ein gigantischer Triumphbogen ... hm ... musste das wirklich sein?

Auf Deutschland übertragen wäre das so, als hätte man weit hinterm Prenzlauer Berg noch ein zweites Brandenburger Tor errichtet ... aus Stahl und Beton und in modern ... schwer vorstellbar.

»Ja, das ist wirklich schwer vorstellbar«, meinte auch Hanna, als ich ihr meine Gedanken erzählte. »Es wäre auch gar nicht gegangen, hier hatte man halt diese großen Ausfallstraßen, diese breiten Alleen ... da bot sich die Verlängerung über den Arc de Triomphe hinaus bis hierher geradezu an«

Ja, ja, Philippes geniale Achsen, dachte ich gerade, als sie sich umdrehte und die lange Allee hinunter deutete, an der in weiter Ferne am Ende der Avenue Charles-de-Gaulle der Arc de Triomphe liegen musste. Der war jetzt aber im Dunst nicht zu sehen.

Wir schlenderten noch ein wenig herum, hatten ein bisschen das Gefühl, in New York zu sein, betrachteten die Skulpturen, die hier überall herumstanden, und amüsierten uns besonders über ein paar riesige, unmotiviert aus dem Boden ragende Finger.

»Okay«, sagte ich schließlich, »wollen wir dann mal wieder?« Es war mittlerweile fast drei Uhr, und allmählich würde man uns nun doch zurückerwarten.

Hanna zog ihr Handy raus und schickte Gerard eine SMS, in der sie unsere baldige Rückkehr ankündigte, damit er nicht nervös wurde.

Prompt schrieb er ihr zurück, und sie meinte lachend: »Er ist schon nervös. Dann lass uns jetzt wirklich fahren.«

Als wir wieder in der RER-Linie A saßen, waren wir zwar reichlich erschöpft, bereuten unseren spontanen Ausflug aber kein bisschen. Das war doch mal eine ganz interessante andere Seite von Paris – sehr modern und funktional, aber irgendwie trotzdem französisch.

Ja, jetzt sitze ich wieder in meinem Zimmer vor dem Sudelbuch, das ich aber gleich zuklappen werde. Wir wollen nämlich mit den Jungs noch ein bisschen bummeln und dann ins Kino gehen. Dafür müssen wir jetzt schon die Karten kaufen. Gerard meint, es gebe abends immer endlose Schlangen vor den Kinos.
Hm, einen Film ganz auf Französisch ... ob das so der Kinospaß werden würde ... so richtig gut war mein Französisch ja noch nicht. Na, egal ... heute ist irgendwie nicht mein Tag und so ist es wohl das Beste, wenn ich, ganz gegen meine Natur, einfach mal die anderen machen und alles auf mich zukommen lasse.
Ach ja, als wir erzählten, dass wir in La Défense waren, da haben Philippe und Gerard erst mit uns geschimpft, aber dann fanden die Jungs es wohl ziemlich cool, dass wir uns das alleine getraut hatten. Philippe jedenfalls behandelte mich mit deutlich mehr Respekt, so als wäre ich plötzlich ein paar Jährchen erwachsener geworden. Und grinsend meinte er:
»Hm, dann habt ihr euch doch jetzt eigentlich einen Discobesuch verdient. Mädchen mit so viel Mumm in den Knochen werden es sicher auch an unseren Türbullen vorbeischaffen.« Na, das wollte ich doch hoffen!

Pariser Discofieber an der Bastille

Also schleppten uns die Jungs nach dem Kino, das im Quartier Marais/Bastille lag, noch in den »Panic Room«, eine Chic & Trash Bar, in der die besten DJs von Paris auflegten.

Und, oh Wunder, weil wir unser neues Selbstbewusstsein wohl ziemlich cool zur Schau trugen, ließ man uns unbeanstandet rein. Lag wohl auch an unseren super Klamotten und unseren nicht ganz arm wirkenden, ebenfalls gut gekleideten Begleitern. Sauber! Ausschlaggebend war aber wohl, dass die beiden Jungs bereits über achtzehn waren. Denn die Vorschriften waren hier ganz offensichtlich genauso streng wie bei uns. Keine Minderjährigen ohne erwachsene Begleitperson am späten Abend.

»Danke lieber Aufpasser«, sagte Hanna ironisch und gab, als wir drinnen waren, Gerard ein Küsschen und irgendwie hab ich das so ganz im freudigen Überschwang bei Philippe auch gemacht. Uups, damit habe ich den wohl völlig überrumpelt. Jedenfalls starrte er mich ziemlich fassungslos an. Oh, merde! Was machte ich denn schon wieder für einen Mist. Schrecklich, wie mein Temperament immer mit mir durchgeht.

»'tschuldigung«, stammelte ich, »äh, da, da ist was mit mir durchgegangen … das äh wollte ich nicht.«

Philippe hatte sich aber bereits gefangen. »Schade«, sagte er und es klang ironisch, »ich lasse mich gerne von temperamentvollen Mädchen küssen. Aber wie mit dir geht's mir mit den meisten, die wollen leider nicht.« Con!

Okay, geschenkt. Was nicht sein darf, das ist auch nicht. Ich habe schließlich einen Freund, da werde ich doch nicht im Vollbesitz meiner geistigen und moralischen Kräfte einen fremden Typ küssen, auch wenn der noch so charmant darum bettelte.

Äh, ja ... hatte er doch quasi getan ... gebettelt! Nein, nein, nein! Ich wollte lediglich ein bisschen in einer angesagten Pariser Disco abhotten, nicht mehr und nicht weniger. Dabei konnte er mir ja gerne Gesellschaft leisten. Ganz unverbindlich und ohne Nebenwirkungen wie Herzklopfen! Hm, na ja ...

Der DJ spielte die französische Hitparade rauf und runter, was aber eigentlich ganz cool war, denn zu »Vuvuzela« von Alpha Blondy und »Salsa Latine Tropicale« von Isis Figaro geriet die ganze Tanzfläche in eine Gruppentanzeuphorie, die der Typ nicht oft genug wiederholen konnte. Hanna und ich steckten jedes Mal voll mit drin. Das war so geil, und mir lief bald der Schweiß in Bächen über das Gesicht. Oh Mann, ich sah bestimmt aus wie ein Feuermelder ... gibt's eigentlich kein Gesichtsdeo? Nötig wär's.

Aber es war so toll! Philippe stand zwar mehr auf House und Techno, aber auch das brachte der DJ in seinem Mix unter. Mir gefiel auch Jean Roch, auf den Philippe ebenfalls stand, vermutlich, weil der seinen Song mit ziemlich coolen Technobeats unterlegt hatte, und mit seiner dunklen rauen Stimme ging der ganz gut unter die Haut.

My love is over … and now I can smile over you … my love is over … and now I can live without you … Love ist over … love is over …

Total der Ohrwurm! Philippe hatte die Augen geschlossen, und um seinen Mund lag ein trauriger Zug. Als ich ihn so in sich gekehrt zu dem Song tanzen sah, fragte ich mich einen winzigen Moment, ob der wohl eine besondere Bedeutung für ihn haben könnte … trauerte er vielleicht ebenfalls einer verlorenen Liebe nach? Hatte er deshalb so viel Zeit für Hanna und … mich? Einer wie er konnte doch wirklich an jeder Hand fünf Freundinnen haben … irgendetwas stimmte mit ihm nicht.

Der Gedanke beunruhigte mich, doch ich schob ihn ganz schnell zur Seite, als Philippe die Augen wieder öffnete und mich anschaute. Dennoch fühlte ich, wie ich rot wurde … und verlegen, dabei hatte ich doch dazu überhaupt keinen Grund. Jetzt reiß dich aber mal zusammen, Mila, redete ich mir selber gut zu. Du führst dich auf wie eine verknallte Fünftklässlerin.

Gott sei Dank war dann aber der Song zu Ende und es gab wieder »Vuvuzela«. Alpha Blondy rockte den Klub und alles löste sich erneut in der wogenden, hüpfenden, sich wiegenden Masse auf. Auch Philippe und ich und die Frage, ob dieser gut aussehende Bruder von Gerard vielleicht gerade einen schlimmen Liebeskummer betäuben wollte ... mit mir betäuben wollte?!

Ich weiß nicht, wie lange wir abgehottet haben ... als wir irgendwann, volltrunken von der Mucke, zur Metro aufbrachen, war ich immer noch im Tanzrausch. Ich hätte die ganze Welt umarmen können, aber da sich diese nicht wirklich anbot, umarmte ich Philippe ... OMG, war ich verrückt! Einen Mann mit Liebeskummer, den umarmte ein Mädchen doch nicht, das in festen Händen war. Viel, viel zu gefährlich!

Aber Philippe schien das genauso zu gefallen wie mein spontanes Küsschen, und weil meine inneren und äußeren Abwehrkräfte irgendwie erlahmt waren, schlenderten wir schließlich Arm in Arm hinter Hanna und Gerard her.

»Du hast Feuer im Blut«, sagte Philippe. »Ich staune über deine Ausdauer ...«

»Ja, das sagt mein Freund Markus auch immer ...«, ploppte es mir mal wieder ohne Umweg durch das Gehirn von meiner Zunge. Ich stockte und hätte mir die am liebsten abgebissen. Jetzt musste ich ja wirklich nicht grade von Markus anfangen. Ich war doch eine blöde Kuh! Richtig ärgerlich war ich auf mich. Zu Recht, denn Philippe ließ mich abrupt los, und weil ihm diese Reaktion wohl selber etwas peinlich war, kramte er in der Hosentasche nach einem Taschentuch und meinte auffällig niesend: »Äh, entschuldige, Mila ... ich ... habe mich wohl ein bisschen erhitzt, oder wie sagt man?«

Ich nickte. »Erhitzt, ja, ist richtig, sagt man so ... ich auch ... aber hier ist es jetzt angenehm kühl.«

Er nieste noch einmal, damit er auch glaubwürdig rüberkam, und ging dann neben mir weiter, ohne mich noch einmal anzufassen.

Schade, dachte ich, er hatte einen festen Griff, aber nicht zu fest, sehr angenehm ... doch natürlich hatte ich darin nicht das Geringste zu suchen, also in seinem Arm ...

Das sah auch Hanna so, als sie noch zu einem kleinen Gutenachtplausch in mein Zimmer kam.

»Du hast doch Markus«, sagte sie, »und willst sicher auch nicht, dass er in Vanessas Armen liegt. Dann halte dich also gefälligst ebenfalls zurück.«

»Was heißt ›ebenfalls‹? Wer sagt mir denn, dass er nicht längst wieder mit ihr durchs Heu kugelt?«

»Wenn dein Herz es dir nicht sagt, niemand«, meinte Hanna trocken, gab mir ein Küsschen auf die Wange und rauschte davon. Püh, die hatte gut Sprüche klopfen, sie hatte ja ihren Freund quasi auf der Bettkante sitzen.

Na ja, nicht neidisch sein, Mila!

So hauchte ich ihr ein »Bonne nuit« nach und fiel dann selbst wie ein Stein aufs Bett, wo ich sofort einschlief. War das ein Tag!

FREITAG · vendredi

Heute war ein ganz komischer Tag, also nicht im Sinne von witzig oder Comedy … eher so in Richtung seltsam, der war irgendwie … na ja, seltsam eben.
Ich sag mal, es war der Tag der Dichter und Denker. Nur damit er eine Überschrift hat. Doch, sieht schön aus so und passt.
Verbracht haben wir ihn im Quartier Latin. Klar, das ist der richtige Ort dafür.

Der Tag der Dichter und Denker
Also erst mal vorweg: Das Quartier Latin heißt so, weil es das Studentenviertel um die Universität Sorbonne ist. Da diese Universität sehr alt ist, hat man dort früher nur auf Latein unterrichtet und die Studenten haben ebenfalls alle Latein gesprochen.

Ist ja inzwischen 'ne eher tote Sprache. Denk ich mal so.

Philippe hat Hanna und mir das erklärt, also das mit dem Latein, als wir vor dem riesigen Universitätsgebäude standen. Wow, das war wirklich beeindruckend!

»Und wie ist es heute?«, fragte ich. »Muss man immer noch Latein können?«

»Nicht für jedes Fach«, meinte Philippe, »aber wir Philosophiestudenten schon.«

»Oh«, sagte ich ehrfurchtsvoll, denn wir haben an unserer Schule gerade die letzte Lateinklasse geschlossen, weil sich keiner mehr dafür angemeldet hat. »Ich stelle mir das unheimlich schwer vor.«

»Ah, es geht«, meinte Philippe jedoch nur. »Vielleicht es ist für einen Franzosen einfacher als für eine Deutsche ...«

Da konnte er recht haben.

»Willst du mit mir hineingehen?«

Na ja, warum nicht, wenn man schon mal die Gelegenheit dazu hatte. Aber Hanna und Gerard verspürten überhaupt keine Lust, den schönen Tag in der Uni zu »vertrödeln«, wie Hanna meinte. »Ich würde so gerne an die Seine gehen und dort in den Bücherkästen der Bouquinistes stöbern.«

Darauf hatte ich allerdings auch mehr Lust, als durch eine Universität geschleppt zu werden.

»Können wir es auf einen der nächsten Regentage verschieben?«, fragte ich diplomatisch, weil ich Philippe nicht verärgern wollte. Er war immer ein so geduldiger Stadtführer und bestimmt auf seine ehrwürdige Universität besonders stolz.

Er zuckte die Schultern und meinte: »Ja, klar, können wir machen ...«

Und weil ich ihm zeigen wollte, dass mich seine Universität wirklich sehr interessierte, nur bei so schönem Wetter eben nicht, fragte ich ihn auf dem Weg an die Seine noch ein bisschen aus. Gut, das erspare ich mir hier jetzt im Detail. Nur so viel, die ist schon 1253 gegründet worden, als man noch an Notre Dame gebaut hat, und es haben total berühmte Leute hier gelehrt und studiert. Zum Beispiel Thomas von Aquin, der große Kirchenlehrer, und Ignatius von Loyola, der Begründer des Jesuitenordens und gnadenlose Hexenjäger.

»Oh, für den sollte sich die Universität aber eher schämen!«, rutschte es mir mit einem gruseligen Schaudern spontan heraus, als Philippe das sagte, und ich fragte mich, ob jemand, der auf derart historischem Boden aufwuchs, eigentlich anders war als Menschen aus einer verschnarchten Mittelstadt, wie ich zum Beispiel.

»Ja, natürlich«, beantwortete Philippe meine diesbezügliche Frage. »Es wäre schrecklich, wenn das keinen Einfluss hätte. Wir alle werden schon in der Schule ganz intensiv mit der Geschichte unserer Stadt vertraut gemacht und jedes Schulkind ist stolz darauf, Pariser zu sein.«

»Das wäre ich auch«, sagte ich vollkommen ehrlich. Denn selbst das Wenige, das ich bisher erfahren hatte, faszinierte mich bereits so, dass ich jeden beneidete, der in dieser Stadt zu Hause war.

Gerard wollte gerade nach links in die Rue Saint-Jacques einbiegen, als Philippe ihn zurückhielt.

»Lass uns noch die paar Schritte zum Panthéon gehen«, schlug er vor. »Mila ist eine angehende Schriftstellerin und sehr belesen. Sie wird sicherlich gerne das Grab von Victor Hugo besuchen wollen.«

Natürlich wollte ich das, und weil Hanna das ebenfalls spannend fand, gingen wir die wenigen Meter zum Panthéon und besichtigten es – trotz des schönen Wetters. Das konnte ich Philippe nun nicht auch noch abschlagen.

Es war ein im römischen Stil erbauter Tempel mit einer Kuppel, der eigentlich eine Kirche werden sollte, aber nach nur wenigen Jahren vorrangig als Begräbnisstätte für berühmte Pariser genutzt wurde.

Das Grab von Victor Hugo hat mich dann auch wirklich in Ehrfurcht erstarren lassen. Einfach, weil ich es toll fand, so nah bei ihm zu sein. Schade, dass er leider tot war.

»Weißt du, dass man ihn auf einem klapprigen Leichenkarren hierhergebracht hat, wie er bei Armeleutebegräbnissen üblich ist?«, steuerte Philippe natürlich mal wieder eine Anekdote bei.

Nee, wusste ich nicht, woher auch. »Warum?«

»Das hat er selber so bestimmt. Weil er im Leben auf ihrer Seite gestanden hat, wollte er wohl auch noch im Tod ein Bekenntnis zu den Schwachen der Gesellschaft ablegen. Eine großartige Geste, die viel Ärger und Empörung bei den Geldsäcken der Stadt auslöste.«

Ich kicherte und sah zu seinem Grabmal rüber. »Das hat er gut gemacht, ein Mann nach meinem Geschmack.«

»Von der Sorte hätte ich noch einen für dich«, meinte Philippe und schleppte mich in die Krypta am Ende des Mittelschiffs. In diesem beachtlichen Gewölbe lag der Dichter Émile Zola begraben, der durch seine sozialkritischen Romane für Aufsehen gesorgt hatte.

Ich war wirklich fasziniert davon. Besonders, weil diese Berühmtheiten plötzlich so konkret für mich wurden. Wer ein Grab hatte, der musste ja tatsächlich mal gelebt haben.

»Sehr beeindruckend«, sagte ich also zu Philippe, aber der winkte ab.

»Ach, das ist nichts, die Friedhöfe von Paris wimmeln von Gräbern mit Berühmtheiten aus aller Welt. Nicht nur Franzosen ... Paris und Frankreich haben immer bedeutende Denker und Künstler angezogen und noch heute wird Kunst und Kultur sehr groß geschrieben und stark gefördert. Es gibt wohl keine andere Stadt auf der Welt, die auf engstem Raum derartig viele Museen mit den bedeutendsten Werken weltberühmter Künstler versammelt hat.«

Mancher mag ja vielleicht denken, dass Philippe ein wandelndes Geschichtsbuch ist und darüber etwas müde lächeln, aber ich finde es total cool, dass er so viel weiß und das auch weitergibt. Er erzählt wirklich spannend und was ich besonders toll finde, er ist voller Stolz auf seine Stadt. Und der ist auch wirklich berechtigt. Paris ist echt super und großartige Menschen haben hier gelebt und gearbeitet und es mitgestaltet. Als angehende Bestsellerautorin war ich hier genau richtig. Ach, wäre das toll, wenn man mir hier auch mal ein Denkmal setzen würde. Ähm … ja … Größenwahn fängt im Kleinhirn an, behaupte ich jetzt mal so.

Nun drängelte Hanna aber, denn sie wollte endlich an die Seine. Doch in der großen Halle, direkt unter der Kuppel mit einem bunten Deckengemälde, dessen Aussage mir schleierhaft blieb, weil es verwirrend viele Leute zeigte, blieb nun Gerard stehen.

»Habt ihr schon mal gehört von die Foucault' sche Pendel?«, fragte er. Ich nickte, denn darüber hatten wir im Physikunterricht irgendwann gesprochen.

»War das nicht was mit der Erde … irgendein Beweis … dass sie sich dreht, also um ihre eigene Achse … nicht nur um die Sonne?«

»Richtig, Mila. Genau hier an diese Stelle Foucault hat eine Pendel von die Decke gehängt und auf dem Boden sein Position markiert … und was du meinst, er hat festgestellt?«

Ich zuckte die Schultern. So genau hatte ich dann auch wieder nicht aufgepasst.

»Er hat festgestellt, dass die Pendel pro Stunde 11 Grad von seine Position abwich. Und damit er hat den Beweis erbracht für die Eigenrotation von unsere Erde.«

»Super sensa!«, rutschte es mir heraus. Ich starrte an die Decke und konnte nicht verhindern, dass mir ein leiser Schauer über den Rücken lief. Zwar wusste ich nicht, wozu es eigentlich gut war, dass man das wusste, aber es war ganz offensichtlich ein Meilenstein der Physik. Also, wenn man den Atem der Geschichte irgendwo spürte, dann wirklich hier an diesem denkwürdigen Ort.

Das lasse ich jetzt mal so stehen ... weil wir das auch taten ... Foucault ließen wir zurück und gingen nun endlich an die Seine, um in den hochinteressanten grünen Bücherkästen zu stöbern.

Ich fand ein Büchlein über Frisuren und Frisiersalons der 50er-Jahre, das ich sofort für Mam erstand. Die würde sich freuen, denn es war absolut witzig.

Na gut ... nicht ganz das Niveau von eben ... aber auch das ist das Leben! Huch – reimt sich auch noch!

SPÄTER AM ABEND · le soir

Über unordentliche Gefühle

Wir waren dann noch im Jazzklub, ganz gewohnheitsmäßig. Hanna und Gerard haben geknutscht, und Philippe hat mit mir über die Liebe gesprochen ...

Tja, wenn man sie nicht leben kann, muss man darüber halt philosophieren. Precht, der so was wie mein Hausphilosoph ist, nennt es ein unordentliches Gefühl. Philippe meint, dass der damit völlig recht hat. Wer liebt, ist immer in einem Ausnahmezustand, und der Ausnahmezustand ist eben eine Abweichung von der Regel und damit von der herrschenden Ordnung. Also praktisch Unordnung. Wobei natürlich nicht jede Unordnung was mit Liebe zu tun hat. Das muss ich hier mal festhalten. Jedenfalls ist das bei mir so. Ich kann auch einfach nur so unordentlich sein. Ähm ja. Aber wenn ich an die Sache mit Pit Winter zurückdenke, also den Referendar, in den ich so total verknallt war, dann muss ich sagen, dass diese Liebe tatsächlich mein Leben total in Unordnung gebracht hat und das meiner Mutter auch noch. Das war wirklich das absolute, allumfassende Chaos und ich bin froh, dass es vorbei ist. Die Liebe zu Markus finde ich dagegen ziemlich ... äh ... ordentlich. Da ging es zwar am Anfang auch heiß her zwischen uns und es war eine ziemliche Achterbahnfahrt der Gefühle ... aber eigentlich war es, als wir uns dann gefunden hatten, nur noch schön ... und das soll es auch bleiben ... ganz und gar ordentlich und glücklich. So wie bei Hanna und Gerard. Da ist auch alles in bester Ordnung!

Dennoch bewundere ich Philippe, er ist so klar in seinen Ansichten – und er ist ein guter Mensch ...

jedenfalls wirkt er so auf mich ... er ist immer nett und geduldig. Das sind die meisten Menschen nicht mit mir – die haben schnell die Schnauze von Mila-Schnauze voll. Na gut, auf Französisch kann ich mich nicht so wirklich verplappern ... und wenn ich es tue, entschuldigt man das gnädig mit mangelnden Sprachkenntnissen. Zu Hause sind die Menschen mit mir nicht so nachsichtig. Schade eigentlich. Ich glaube, ich ziehe nach Paris – vielleicht mal ein Austauschjahr bei den Lezards? Wäre echt zu überlegen. Allein schon wegen Philippe ...

»Du sollst Philippe in Ruhe lassen«, verlangte Hanna mal wieder. Wenn er mich doch nicht in Ruhe ließ! Er musste ja nicht jeden Tag mit mir ... äh ... mit uns verbringen. Aber Spaß machte es mit ihm schon.

»Hanna möchte, dass ich dich in Ruhe lasse«, sagte ich also zu ihm, als wir im Jazzkeller *Le Petit Journal* am Boul' Mich' abhingen. Aber er hat nur gelacht.

»Chérie, das geht nicht, ich bin dazu berufen, dir meine Heimatstadt nahezubringen. Es ist eine staatsbürgerliche Pflicht. Der darf sich kein Bürger entziehen.« Er grinste nun ein bisschen diabolisch und sagte dann irgendwie sehr ironisch: »Gestatte mir, meine Pflicht zu erfüllen, hab ein Herz!«

Schleim, schleim! Aber wer konnte dem widerstehen? Und es war ganz raffiniert von Philippe und Gerard, uns immer gerade hierhin zu schleppen, denn die Abende im Jazzkeller gaben zumindest mir das Gefühl, kein Tourist mehr zu sein, sondern Bestandteil dieser Stadt, dieser Szene ... dieses Viertels. Es war ein unvergleichlich gutes Gefühl, als gehörte ich hierhin, als würde ich morgen früh ganz selbstverständlich mein Sudelbuch nehmen und mich ins Café Flores am Boulevard St. Germain oder in das Les Deux Magots setzen, um einen ebenso tollen und bedeutenden Roman zu schreiben wie Victor Hugo oder Émile Zola.

Das war ganz und gar meine Welt ... na ja, jedenfalls ein Teil meiner Welt ...

Die tollen Modegeschäfte und die unglaublichen Discos, wie das Le Baron im 8. Arrondissement, nahe bei der Metrostation *Étoile*, wollen wir schließlich auch nicht vergessen, und all die anderen angesagten Orte im Pariser Leben und Nachtleben.

Schließlich muss man als Autor die Erfahrungen seiner Zielgruppe machen – Schicksalsromane erfordern auch Schicksale ... und die wollen erst mal gelebt und erlebt werden. Sag ich mal so.

Ich habe Markus eine Mail mit ganz vielen Bildern geschickt, aber er hat sie gar nicht richtig gewürdigt. Das Einzige, was er wissen wollte, war, wer der Typ neben mir wäre. War natürlich Philippe.

»Ein loser Bekannter der Familie Lezard«, schrieb ich zurück.

»Und warum klebt er dann fast auf jedem Foto an dir dran?«

Markus eifersüchtig? Hm? Was war eigentlich mit Vanessa? Die erwähnte er mit keinem Satz. Da bestand doch bei mir sicherlich viel mehr Grund zur Eifersucht ...

»Ist mir gar nicht aufgefallen«, schrieb ich zurück. »Der ist halt oft dabei ... um auf uns aufzupassen, weil er schon erwachsen ist. Warum? Stört es dich?«

»Eigentlich schon«, schrieb er total ehrlich zurück, »für einen Aufpasser sieht er viel zu gut aus.« Dem konnte ich nichts hinzufügen. Aber es prickelte direkt ein bisschen zu denken, dass auch Markus mal eifersüchtig sein konnte. Bisher war nämlich immer ich diejenige, die in der Hinsicht die Arschkarte gezogen hatte.

SAMSTAG · samedi

Tag des Augen- und Ohrenschmauses

Ja okay, es regnete und eigentlich wäre die Sorbonne jetzt dran gewesen, aber die war am Samstag, jedenfalls in wesentlichen Teilen, dicht. Also, man konnte da nicht überall rein. Darum haben Gerard und Philippe beschlossen, uns ins Musée d'Orsay zu schleppen. Mittlerweile hatte ich allerdings von Museen die Nase reichlich voll.

»Wollten wir heute nicht in die Oper?«, fragte ich, um den Museumsbesuch vielleicht doch noch vermeiden zu können. Wurde mir langsam wirklich etwas zu viel!

Philippe lachte. »Doch nicht am Vormittag!«

Nee, natürlich nicht, aber frau musste sich darauf ja auch noch entsprechend vorbereiten … duschen, Haare waschen … schminken … aufbrezeln halt, wie es einem solchen herausragenden Event angemessen war.

»Könnt ihr alles noch nach dem Mittagessen machen«, meinte Gerard lachend, als Hanna meine Gedanken aussprach. Na gut. Dann also noch ein Museum.

Musée d'Orsay – Eine Welt voller Impressionen

Das Museum lag in einem ehemaligen Bahnhof, der zur Weltausstellung von 1900 gebaut wurde. Die Pariser scheinen Weltausstellungen übrigens hauptsächlich deswegen gemacht zu haben, um ihre Stadt ein bisschen zu pimpen.

Ich glaube, die Londoner waren genauso clever, warum eigentlich wir nicht? Hab keinen Schimmer, ob bei uns auch mal 'ne Weltausstellung war ... in Berlin oder München zum Beispiel ... was hat man da gebaut? Das KaDeWe vielleicht? Den Fernsehturm? Die Feldherrnhalle?

Aber bei einem Museum ist es ja vor allem wichtig, was drin ist und da hätte es meinetwegen auch ein ehemaliger Schlachthof oder ein Parkhaus sein können ... denn hier verhieß uns Philippe die ultimative Impressionisten-Show! Das weckte dann sofort meine Neugier.

Impressionisten nennt man übrigens eine Gruppe von Malern, die Ende des 19. bzw. Anfang des 20. Jahrhunderts mit ihrem freien Stil in Form und Farbe die Malerei revolutionierten und daher als Begründer der Moderne gelten. Haben wir schon im Kunstunterricht behandelt. Da versuchten wir selber in deren Stil zu malen. Hat viel Spaß gemacht und darum war ich auf diese Ausstellung jetzt wirklich mega gespannt.

Okay. Wir betraten also das Museum und ich kriegte gleich hinterm Eingang einen Schlag, als überall nur Skulpturen von nackten Menschen herumstanden, und das auch noch ziemlich monumental. Uähhh, gar nicht mein Fall.

Philippe grinste anzüglich und hielt mich wohl für etwas verklemmt. Bin ich nicht, aber das war mir etwas zu viel auf einmal. Auch Hanna wirkte nicht so recht erbaut davon. So viele nackte Männer in Gegenwart der Jungs ... peinlich!

»Keine Angst.« Gerard erlöste uns sofort. »Rodin müsst ihr euch nicht antun. Wir fahren gleich mit dem Lift in das obere Stockwerk und konzentrieren uns auf die Impressionisten. Es ist wirklich eine der besten Sammlungen der Welt.«

Na, Gott sei Dank!

Und dann hat es mich auch gleich total geflasht. OMG, diese Farben, dieses Gefühl! Diese Leute, also Monet, Renoir, Degas, Toulouse-Lautrec ... wie immer die hießen, die hatten es wirklich drauf!

Ich fand ja Renoir, Degas und Toulouse-Lautrec besonders toll, weil die so viel von dem Pariser Leben um die Jahrhundertwende in ihren Bildern festgehalten haben. Zum Beispiel in den Vergnügungslokalen am Montmartre ... sah aus wie in den Münchner Biergärten ... aber natürlich alle fein rausgeputzt, die Herren trugen Strohhüte mit schwarzem Band – »Kreissägen« hat man die genannt, weil sie so rund sind – und die Frauen und Mädchen rüschige lange Kleider. Und die Tänzerinnen von Degas waren so zauberhaft und süß, während die von Toulouse-Lautrec ganz schön frech und frivol wirkten.

»Gefällt es dir?«, fragte Philippe. Ich nickte.

»Ganz toll ... und es ist so ... richtig ... wie ... wie man sich eben Paris vorstellt, also, wie es mal war, als es seinen Ruf als Stadt der Liebe ... und des leichten Lebens ... bekommen hat.«

Das fand Philippe auch, meinte aber: »Über dieser Lebensfreude in den Bildern vergisst man leicht, dass die Maler selber oft in sehr ärmlichen Verhältnissen lebten ... richtige Hungerkünstler waren.«

Philippe bestand drauf, dass wir uns auch das berühmte Gemälde »Frühstück im Freien« von Édouard Manet ansahen. »Es hat einen Skandal ausgelöst«, meinte er.

Nun ja, als ich davorstand, konnte ich das sogar nachvollziehen. Warum waren die beiden Frauen auf dem Bild nackt, während die Männer komplett angezogen waren? Das war doch total unemanzipiert. Hanna sah das ganz genauso, nur Philippe meinte mit süffisantem Lächeln: »Zwei Maler und ihre Aktmodelle vermutlich ... Anatomiestudien im Freien.«

»Na klar! Beim Picknick. Das kannst du deiner Großmutter erzählen.«

Philippe grinste nun richtig frech: »Die war vielleicht sogar eines der Modelle ... nein im Ernst, sie war eine sehr freigeistige Frau.«

Aha, dennoch war das Bild nicht mein Fall. Wir gingen weiter und kamen zu den Naturbildern von Claude Monet.

»Die sind nach Motiven im Garten seines Hauses in Giverny entstanden«, erklärte mir Philippe, und ich versank in dem wirklich wunderschönen und stimmungsvollen Anblick eines blauen Seerosenbildes.

»80 Millionen«, sagte plötzlich Gerard hinter mir. Ich fuhr herum.

»80 Millionen was? Wofür?«, fragte Hanna.

»80 Millionen US-Dollar wurden für eine ähnliche Bild bei einer Kunstauktion gezahlt.«

OMG! Wer war denn so wahnsinnig, so viel Geld für ein paar blaustichige Seerosen auszugeben?

Philippe lachte, weil mir das natürlich mal wieder spontan herausgerutscht war.

»Ein fanatischer Sammler. Jemand, der so viel Geld hat, dass er diese kleine Ausgabe in seinem Portemonnaie gar nicht bemerkt. Andere Reiche legen so ein Bild in ihr Depot. Wie ein Paket Aktien.«

Ich schluckte. Kunst als »Sparbuch des reichen Mannes« fand ich doch etwas merkwürdig. Nun ja, was mein Sparbuch anging, da würde es wohl nur für ein paar Poster und Kunstpostkarten reichen.

Davon kaufte ich dann auch in der Tat einige, bevor wir zu einem kleinen Lunch in das Café des Hauteurs gingen, das versteckt hinter einer der großen ehemaligen Bahnhofsuhren lag und wirklich leckeres Essen anbot.

Als mich Philippe noch einmal fragte, was mir am besten gefallen hätte, da sagte ich, ohne lange überlegen zu müssen: Die Bilder vom Montmartre, die »Moulin de la Galette« von Renoir und die Tänzerinnen des Moulin Rouge von Toulouse-Lautrec ... von denen hatte ich mir auch je ein Poster gekauft.

»Wann gehen wir denn da endlich mal hin?«

»Bald«, sagte er und schaute mich dabei ganz merkwürdig an, fast ein wenig schwermütig.

»Ein bisschen lasse ich dir noch deine Illusion.«

Er nun wieder!

SAMSTAG GANZ SPÄT ODER SONNTAG GANZ FRÜH

Na ja, so was in der Art ... jedenfalls zu einer dunklen, dunklen Stunde!
Ich müsste jetzt eigentlich im Bett liegen und wie ein Stein schlafen, nach diesem Tag, aber ich bin noch total aufgekratzt. Warum?
Ich war in der OPER!!!!
Und zwar nicht in irgendeiner popeligen Provinzoper, sondern in Paris. In der tollsten und gigantischsten Oper der Welt. Das werde ich meinen Enkelkindern noch erzählen.

Operngala und Gezicke

Obwohl Philippe behauptet, die neue Oper an der Bastille wäre noch viel größer und außerdem moderner, kann ich das nicht wirklich glauben. Moderner vielleicht, aber selbst wenn: Die Opéra national de Paris Garnier ist auf jeden Fall die prunkvollste und romantischste Oper der Welt. Und das sieht Hanna übrigens ganz genauso.

Allein dieses traumhafte Gemälde in der Kuppel über dem Zuschauerraum von Marc Chagall ist so was von einzig, da kriegt man beim Anschauen eine richtige Gänsehaut. Ich zumindest, denn ich verehre den ja sehr, diesen großartigen Maler. Ich habe ganz viele Kunstpostkarten von dem, die sind toll, und ganz oft sind Liebespaare drauf ... so schwebend und miteinander in verschlungener Umarmung ... ja ... greift einem richtig ans Herz. Nein, ist kein Kitsch, echt nicht, ist Kunst, große Kunst, wirklich ... sonst würde der ja wohl auch keine Kuppeln in so berühmten Opernhäusern bemalen oder Glasfenster in Kirchen gestalten.

Okay, wo war ich stecken geblieben ... ja, also diese Opéra Garnier ist ein Traum und in der Grand Hall bin ich fast vor Ehrfurcht erstarrt. So eine Pracht und ein Glanz, da konnte man sich fast im Fußboden spiegeln – und dann die ganzen leuchtenden Lüster und diese riesengroße Treppe ... verschlungen wie bei Harry Potter in Hogwarts ... es hätte mich nicht gewundert, wenn von der plötzlich ein Teil wie von Geisterhand zur Seite bewegt oder nach oben gefahren wäre ... Ich war regelrecht sprachlos und das passiert bei mir ja nun wirklich äußerst selten.

Dass Gerards Eltern uns dahin eingeladen haben, ist wirklich supernett gewesen, und es war auch ein ganz genialer Abend. Extra! Formidable! Sensa!

Ich fand es schon gleich am Anfang sehr erhebend, mit den Lezards an die Champagnerbar zu wandeln und wie eine Dame von Welt an meinem Glas zu nippen, dabei so blasiert wie möglich zu schauen und die anderen Wandelnden abzuchecken. Die meisten waren schon ziemlich gut gekleidet, aber Hanna und ich konnten uns durchaus in unseren Klamotten sehen lassen. Ich hatte das coole Kleid von Desigual an, das ich mir auf Mallorca gekauft hatte, und ich muss sagen, es fetzte richtig. Hanna trug das lange schwarze Teil, das sie bei Printemps erstanden hatte. Sie sah so toll darin aus! Selbst Émilie, die ein raffiniert-schlichtes weißes Kleid trug, konnte da nicht mithalten. Gerard jedenfalls schmolz bei Hannas Anblick sofort dahin, und selbst sein Vater machte ihr ein Kompliment, in dem so seltsame Worte wie »meine künftige Schwiegertochter« vorkamen. Das verhagelte Émilie natürlich sofort die Petersilie und führte dazu, dass sie den ganzen Abend kein Wort mehr mit uns wechselte … mit ihrem Vater auch nicht. Oh, der Böse … der würde Hanna doch nicht etwa als Gerards feste Freundin akzeptieren!!!

Okay, wieder zur Oper.

Es gab natürlich auch eine Opernaufführung. Deswegen waren wir ja eigentlich hier, nicht nur zum Flanieren und Champagnerschlürfen. Die

Oper war von Mozart, was ich zunächst eigentlich gut gefunden hatte, denn über den haben wir im Musikunterricht ja schon mal gesprochen, aber diese Oper hier war nicht dabei gewesen. Sie war wohl nicht wirklich bekannt. Jedenfalls hatte ich noch nie davon gehört, und bei Günther Jauch wäre sie mindestens die Millionenfrage gewesen.

Hanna, die ja mehr von Musik versteht, kannte die auch nicht, was nicht gerade für sie sprach. Sie hieß *La Clemenza di Tito*.

Ehrlich gesagt habe ich die Oper nicht nur nicht gekannt, ich habe sie auch nicht verstanden. Aber es wurde schön gesungen, und das Bühnenbild war sehr speziell, irgendwie so sauber und klar, ohne überflüssigen Schnickschnack, erstaunlich modern, aber dennoch irgendwie emotional. Das lag wahrscheinlich daran, dass es immer wieder Zwischenvorhänge als Bühnenbild gab, die im Stil von Chagall gestaltet waren. Besonders beim Schlussbild wurde es total romantisch mit einem großen pinkfarbenen Herzen, in das eine Faust einen Dolch stach. Würde ich mir glatt in meinem Zimmer als Poster an die Wand hängen. Philippe hat gesagt, das wäre ein Symbol dafür, dass der arme römische Kaiser Titus jetzt die Liebe in sich töten musste ... warum, blieb mir allerdings schleierhaft.

Aber das ist ja oft so bei Opern. Gerards Eltern schienen sie jedoch total zu genießen, jedenfalls waren sie voll konzentriert bei der Sache, sogar mit Opernglas. Émilie saß auch wie versteinert in ihrem Sitz, den Blick stier nach vorne zur Bühne gerichtet. Ja, klar habe ich auch dahin geschaut, aber doch nicht immer, die ganze Zeit ... da kriegte man ja Genickstarre.

Natürlich war das hier wunderschön anzuschauen, die sanften Farben der Kostüme, gelb, weiß, hellgrau ... und überhaupt alles sehr ästhetisch. Gut, manchmal auch ziemlich langweilig ... aber da hatte ich dann dank Philippe ein bisschen Ablenkung. Er erklärte mir nicht nur im Flüsterton die Aufführung, sondern auch ein bisschen das Opernhaus.

Zum Beispiel lagen unsere Plätze ja in einer Art Separee im zweiten Rang. Das war so ähnlich wie eine private Loge, in der ganze Familien oder Gruppen zusammensaßen. Wir also jetzt auch. Es waren übrigens nicht alle Plätze besetzt, und so zog Philippe mich nach der Pause auf zwei freie hintere Plätze.

»Schau mal«, flüsterte er.

»Schau mal was?«, fragte ich verwirrt. »Von hier kann man doch gar nichts mehr sehen.«

Er grinste. »Eben. Das sind sogenannte Hörplätze, die sind billiger. Früher waren die aber ganz besonders beliebt, weil man von da zwar nichts sehen konnte, aber selber auch nicht gesehen wurde ...«

Er griff nach meinem Arm und zog mich sehr nah an sich ran. »Das sind die frivolen Plätze. Im sogenannten galanten Zeitalter ging es hier richtig zur Sache, heute wird nur noch geknutscht.«

Ich zog mich zurück. »Dann sollten wir vielleicht Hanna und Gerard diese Plätze mal anbieten.«

Er verstand den Wink mit dem Zaunpfahl und wir stiegen leise zu unseren ursprünglichen Sitzen zurück.

Philippes Äußerung ließ meine Gedanken in die Vergangenheit und zu den amourösen Abenteuern abschweifen, die sich womöglich hier abgespielt hatten. In meiner Fantasie beugte sich gerade ein Herr in Brokathose und glitzerndem Gehrock über das sehr offenherzige Dekolleté einer Hofdame, die eine hochgetürmte, gepuderte Perücke trug und ein Schönheitspflästerchen auf der Wange. Ihre verlangend geöffneten Lippen leuchteten sehr rot.

Gegen diese üppige Szene war das Geschehen auf der Bühne geradezu lahm und blutleer. Ich kicherte etwas zu laut, denn Gerards Mutter sah sich irritiert um, sodass ich mir beschämt die Hand vor den Mund schlug.

»Woran hast du gedacht?«, fragte Philippe flüsternd.

»An eine frivole Szene«, wisperte ich zurück.

Er grinste. »Das habe ich vermutet.« Und in schöner Offenheit gestand er: »Ich auch. Die war spannender als die Oper.«

Ich nickte. »Ja ... aber ... pst ... wir wollen deine Eltern nicht verärgern.«

Er zwinkerte mir zu und wir richteten beide unseren Blick wieder auf die Bühne. Und da sich dort gerade das dramatische Finale abspielte, benahmen wir uns bis zum Schlussapplaus anständig und wohlerzogen.

Zur Belohnung gingen die Lezards dann noch mit uns in eine sehr noble Bar in der Nähe der Oper.

Sie war ähnlich plüschig wie das Opernhaus eingerichtet, mit Kristalllüstern, Stucksäulen und viel glitzerndem Schnickschnack: Spiegel, Statuen, Zierleisten, schwere samtige Vorhänge mit Bordüren und Raffkordeln. Die Tische und Stühle waren vergoldet und überall standen Lorbeerbäumchen herum, entweder zu Kugeln oder Pyramiden gestutzt.

Die Musik war angenehm gedämpft, und so konnte man sich gut unterhalten.

Die Lezards bestellten Wein, Wasser und eine Auswahl von Käse, Oliven und Brot für alle und zum Auftakt eine Hummersuppe. Die war so lecker, dass ich mich hätte reinsetzen können. Nein, Quatsch, aber ich stand kurz davor, jedes Benehmen zu vergessen und den Teller abzulecken. Wirklich, die hat so gigantisch geschmeckt, so samtig und fruchtig und ... cremig ... einfach göttlich ...

Natürlich kam das Gespräch dann auf die Oper und wie sie Hanna und mir denn gefallen hätte. Das wollte Monsieur Lezard wissen und sah mich dabei auch noch direkt an. Hm, etwas über die Oper an sich zu sagen, war schon schwer genug, aber auch noch auf Französisch! Ich merkte, wie mir die Zunge plötzlich wie Pappe am Gaumen klebte und mir war bewusst, dass ich nicht eben einen intelligenten Eindruck machte. Oje, der hielt mich jetzt bestimmt für einen Kulturbanausen, und ich machte der deutschen Nation total die Unehre!

Aber da antwortete schon Hanna für mich und lobte den großartigen Gesang, das außerordentlich ästhetische Bühnenbild und die wunderbare Akustik der Oper. Bis auf das Letzte hätte ich das natürlich auch alles sagen können. Dazu musste man den Inhalt ja nicht verstanden haben und ganz so schlecht, wie ich mir einbildete, war mein Französisch eigentlich gar nicht. He, Mila-Schnauze, probier es doch einfach mal öfter aus! Übung macht den Meister. Okay, guter Vorsatz gefasst! Ich beschloss auf meine innere Stimme zu hören und ab sofort etwas mutiger meine Sprachkünste zu erproben.

Doch dann gab es ZICKENALARM!

Émilie, die große Schweigerin, mischte sich nämlich nun in das Gespräch ein und redete so schnell und undeutlich, dass ich praktisch nichts verstand. Tja, so geht's mit guten Vorsätzen.

»Warum macht sie das?«, fragte ich Hanna flüsternd. »Sie nimmt kein bisschen Rücksicht auf uns. Ich glaube, sie mag uns nicht.«

Hanna kicherte leise. »Sie ist eifersüchtig, weil ich ihr ihren Lieblingsbruder wegnehme. Das meint jedenfalls Gerard.«

Und weil Émilie grade sehr auffällig zu uns rübersah, widmeten wir uns wieder dem Brot und dem Käse. Ich stopfte sozusagen meinen Mund, um möglichst nichts mehr sagen zu müssen.

Aber als ich dann mal zur Toilette gehen wollte, stand auch Émilie auf und begleitete mich. Im sehr edlen Waschraum schaute sie mir zu, wie ich mir frisches Gloss auf die Lippen schmierte. Kam echt peinlich. Sie war wie immer gänzlich ungeschminkt, bis auf einen schwarzen Strich am Unterlid, der ihre Augen irgendwie noch mehr vergrößerte.

»Du stehst nicht auf Opern, nicht wahr?«, fragte sie nun etwas langsamer sprechend. Und ehe ich noch etwas sagen konnte, meinte sie ziemlich arrogant: »Na ja, habe ich auch nicht erwartet. Du machst keinen besonders gebildeten Eindruck. Ist deine Mutter nicht Friseuse?«

Aha, daher wehte der Wind. Wenn ich doch nur besser Französisch sprechen könnte, um es dieser eingebildeten Zicke mal rauszugeben.

Aber wieder einmal erwies sich Hanna als diejenige, die mit ihrem guten Französisch Kontra gab. Sie war uns sofort nachgegangen, weil ihr wohl schon Unheil schwante.

»Oui, ganz recht, Émilie, deswegen sieht Mila auch lieber ›Le Mariage du Figaro‹. Diese Oper war doch ehrlich gesagt nicht gerade Mozarts beste Komposition. Oder magst du so bombastische Stücke?«

Und weil ich mich jetzt wieder etwas gefasst hatte, sagte ich frech und um gute Aussprache bemüht: »Ich finde ›Die Hochzeit des Figaro‹ ja viel zauberhafter ... die Leichtigkeit ... du verstehst, was ich meine?«

Sie verstand wohl vor allem, dass ich munter ins Blaue schwätzte, hielt sich aber nun, wo Hanna da war, mit beleidigenden Äußerungen zurück. Sie hatte wohl Angst, dass die es Gerard petzen würde, und sie dann mit ihm Ärger kriegte. Als sie den Waschraum verlassen hatte, sagte Hanna nur noch einmal: »Sie ist so was von eifersüchtig. Ich glaube, sie würde mich am liebsten rauswerfen. Gerard meint, sie hätte ihn mit einer ihrer Freundinnen verkuppeln wollen. Die, die in deinem Gästezimmer schlafen sollte.«

»Du meinst, die hatte sie eingeladen, damit die sich an Gerard ranwirft, während du hier bist? Das ist ja fies.«

Hanna nickte. »Das findet Gerard auch. Aber er ist halt ihr Lieblingsbruder, und da möchte sie ihn vielleicht unbedingt mit ihrer Lieblingsfreundin zusammenbringen.«

»Oh, merde!«, stöhnte ich, hatte aber auch keine Idee, was man machen konnte, um Émilie diesen Blödsinn auszureden. Liebe ist oder ist nicht, da hatte sie doch ganz schlechte Karten, bei einem solchen Traumpaar, wie Hanna und Gerard es waren.

Ohhhhhhhhhhaaaaaaa! Jetzt bin ich aber doch allmählich reif fürs Bett. Also, da werde ich dann jetzt auch mal reinplümpsen … äh … isch fühle misch plötzlich so schwer …
Das wird die rote Wein sein und die Käse und … ja … die Müdischkeit.
Gute Nacht … äh … guten Morgen … äh … ach … egal … ça ne me regarde pas!
Was war das für ein toller Tag … äh, Abend … äh … Nacht … auch egal …
Schade, dass ich Markus nicht bei mir hatte, mit dem hätte ich auf den frivolen Hörplätzen in unserem Opernseparee bestimmt geknutscht … aber so was von hingebungsvoll!

9. TAG

SONNTAG · dimanche

Je suis crevée … ich bin fix und fertig! Vachement! Aber voll! Also mit den Nerven. Mila – lost in Translation. Ehrlich, wenn ich noch mal herkomme, muss ich unbedingt besser Französisch sprechen können. So geht das gar nicht. Alleine ist man hier ja sonst völlig verloren. Jedenfalls auf diesem Flohmarkt, dem berühmten Marché aux Puces de St-Ouen. Puces sind Flöhe!

Hanna und ich wollten ja unbedingt mal zu so einem echten französischen Flohmarkt, und Blanche meinte, der beste sei der an der Metrostation Porte de Clignancourt und sie hätte längst auch mal wieder Lust, da ein bisschen herumzustöbern. Da der Markt nur von Samstag bis Montag geöffnet hat, schlug sie vor, doch dimanche einen Ausflug dorthin zu machen. Es wurde dann ein regelrechter Familienausflug, an dem außer Monsieur Lezard alle Familienmitglieder teilnahmen – sogar Émilie.

»Wir essen dann dort etwas zu Mittag«, hatte Blanche noch gesagt, was mich einigermaßen verwunderte,

denn das hörte sich nach Tagesausflug an, und selbst der größte Flohmarkt bei uns zu Hause – der auf der großen Parkfläche vor der Eislaufhalle – ließ sich locker in zwei Stunden durchstreifen.

Verloren zwischen Flöhen!

Nun ja, unseren Flohmarkt zu Hause, den konnte ich wirklich vergessen. Dieser Marché aux Puces war damit überhaupt nicht zu vergleichen. Das ... das war ein ganzer Stadtteil für sich und alles nur Antiquitätengeschäfte, Trödelbuden und Unmengen von fliegenden Händlern, deren Stände die engen Gassen säumten. Es gab wohl eine gewisse ursprüngliche Ordnung ... an einem Ende Möbel, am anderen Gemälde und Kunstobjekte, wieder woanders Porzellan und Silber, Gold- und Schmuckhändler ... und noch wieder anderswo Stoffe, Weißwäsche und Vintage-Kleidung, bis hin zu Gartenmöbeln, Skulpturen, alten Gerätschaften für Küche, Haus und Hof und ... sogar Kleintiere.

Also, ich kann das so genau schildern, weil ich das alles gesehen habe ... äh ... ja ... so mehr oder weniger nebenbei ... also bei meinem Versuch, Hanna und die Lezards wiederzufinden.

Ja, okay, ich ... äh ... habe mich verlaufen. Ja, ich weiß, das ist bescheuert und mehr als peinlich. Vachement conne! Ich weiß auch ehrlich gesagt nicht, wie das passieren konnte.

Grade stand ich noch neben Hanna vor einem Laden mit alten Schulmöbeln, da war sie plötzlich weg. Ich dachte erst, sie sei in den Laden nebenan gegangen, denn da gab es antike Musikinstrumente, Drehorgeln zum Beispiel. Also suchte ich sie dort und als ich sie nicht fand, fragte ich mich, ob sie wohl ohne mich weitergegangen war. Aber wohin? In welche Richtung? War sie linkerhand in die kleine Gasse zwischen den Läden abgetaucht oder doch eher rechts? Wie konnte sie überhaupt einfach abhauen? Ich irrte immer orientierungsloser und panischer umher und klapperte dabei vermutlich einmal fast den ganzen gigantischen Markt ab. Als ich schließlich zum dritten Mal bei den Schmuckhändlern vorbeikam, begriff ich, dass ich ohne Hilfe nie wieder herausfinden würde. Natürlich hatte ich nicht mal das Handy dabei, sodass ich Hanna auch darüber nicht erreichen konnte.

Ich fühlte mich plötzlich echt *merdique*, ziemlich beschissen, und die Leute ringsum erschienen mir auf einmal fremdartig und gefährlich. Was ich zuvor noch exotisch und abenteuerlich gefunden hatte, wirkte nun nur noch schäbig. Die Händler, die versuchten Kunden in ihre Läden zu locken, waren mir zu zudringlich und die kleinen, engen Gassen empfand ich als bedrohlich. Bald witterte ich hinter jeder Bretterbude und hinter jedem Stand Gefahr.

Mein Gehirn lief genau wie ich auf Hochtouren – wie sollte ich Hanna und die Lezards in diesem Gewimmel von Läden und Menschen je wiederfinden? Vermutlich überhaupt nicht. Aber ganz sicher suchten sie mich inzwischen auch, und wir liefen vielleicht ständig aneinander vorbei. Also ganz ruhig, Mila.

Wieso gab es eigentlich keinen Plan von diesem blöden Markt? Hier fand man doch nie wieder raus, wenn man ortsunkundig war. Wie machten das denn andere Touristen? Okay, die gingen wahrscheinlich gar nicht erst so weit rein ... oder nur mit Guide ...

Es musste doch irgendwo einen Ausgang geben – oder den Eingang halt, wo wir reingekommen waren. Ich beschloss, mich dorthin durchzufragen ... auf Französisch. Nun ja, wer nicht wagt, der nicht gewinnt. Ich kramte also nach passenden Vokabeln in meinem Kopf ... Hm ... waren da nicht auch ein paar öffentliche Toiletten gewesen ... ja, genau ... die Frage würde ich wohl grade noch hinkriegen. Also sprach ich eine freundlich aussehende Frau an einem Stand mit gebrauchter Kleidung an.

»Oú sont les W.-C. publics, s'il vous plaît?«

Sie zuckte die Schultern, rief aber nach hinten in den Laden, der eher eine Bretterbude war: »Pamela, Pamela ...«

Pamela kam und stellte sich als ein kleines Mädchen von maximal fünf Jahren heraus. Sie hatte schwarze Knopfaugen und dicke, ebenfalls schwarze, geflochtene Zöpfe. Ihre Haut hatte einen leicht olivfarbenen Ton. Die Frau wechselte mit ihr ein paar gänzlich unverständliche Worte in einem merkwürdigen Dialekt, dann sagte sie auf Französisch zu mir: »Sie bringt dich hin.«

Die Kleine lächelte mich an, nickte und winkte mir, ihr zu folgen. Sie bewegte sich schnell und sicher durch das Buden- und Lädengewirr. So erreichten wir tatsächlich nach knapp 10 Minuten den Eingangsbereich, wo ich mit Hanna und den Lezards den Flohmarktbesuch gestartet hatte. Ich bedankte mich bei Pamela und drückte der Kleinen einen Fünfeuroschein in die Hand. Sie freute sich darüber schier weg. In einer der Toiletten renovierte ich mein Gesicht, immer noch etwas in Panik.

Als ich wieder ins Freie trat, glaubte ich meinen Augen nicht zu trauen: »Hanna!«

Mein Schrei war peinlich laut, verfehlte aber seine Wirkung nicht. Hanna fuhr herum und kam dann sofort zu mir herübergelaufen, im Schlepptau Gerard und Philippe.

Sie hatten sich von Blanche und Émilie abgesetzt, um mich zu suchen und waren auf die gleiche Idee gekommen wie ich. Erleichtert fiel ich Hanna um den Hals.

Aber als sie nun noch mal auf den Markt wollte, da streikte ich. Philippe war der Einzige, der dafür Verständnis aufbrachte, und so schlug er vor: »Lass uns doch schon mal in die kleine Brasserie gehen und Plätze für alle reservieren. Du kannst ja überlegen, ob du nach dem Essen noch ein bisschen stöbern willst.«

Das war ein guter Vorschlag, und als wir bei einer erfrischenden Cola in dem netten Lokal saßen, erzählte ich ihm, was ich erlebt hatte. »Warum habe ich die Frau und das Kind eigentlich überhaupt nicht verstanden? Was war das für ein französischer Dialekt? Irgendetwas aus dem Süden, denke ich, so wie die beiden aussahen.«

Philippe blickte mich fragend an. »Südländisch, sagst du? Vielleicht waren es Roma. Viele von ihnen handeln mit gebrauchten Sachen, sammeln Schrott, alte Kleidung ... sie sprechen ihre eigene Sprache ... ein Problem ... es erschwert die Integration und die meisten Roma schicken ihre Kinder leider nicht in die Schule. Vielleicht hast du von den weltweiten Protesten gehört, als unsere Regierung im Herbst 2010 damit begann, die Roma systematisch des Landes zu verweisen ... zwangsweise nach Rumänien auszusiedeln.«

Das verstand ich nun gar nicht. »Das Mädchen war so süß«, sagte ich. »Warum lässt man sie nicht in Ruhe?«

Philippe zuckte die Schultern. »Die Proteste haben die Abschiebung ja erst mal gestoppt.« Er merkte, dass meine Stimmung etwas gedrückt war, also meinte er aufmunternd: »Das ist doch schon was Positives. Denn ohne die Roma wäre dieser Markt nur halb so bunt. Und das wäre doch schade.«

Ich nickte. »Ja, das finde ich auch. Sehr schade.«

Nun stießen auch Hanna und Gerard wieder zu uns und kurz danach trudelte der Rest der Familie Lezard ein. Da mussten dann erst mal die Einkäufe bestaunt werden. Émilie hatte ein schwarzes Umschlagtuch erstanden, und Blanche war stolz auf eine große antike Vase, die so dick eingepackt war, dass man nicht mal die Umrisse erahnen konnte.

»Die passt neben den Kamin«, verriet sie jedoch. »Sie ist blaugrün und aus dem Art Déco. Ein wirklich einmaliges Stück und ein echtes Schnäppchen!«

Hanna trug an ihrem linken Arm stolz ein silbernes Bettelarmband ... ein richtig altes, schon etwas angelaufenes Stück mit Anhängern aus Koralle, Elfenbein und einem kleinen Granatherzen.

»Das hat Gerard mir geschenkt«, flüsterte sie mir zu. »Der Verkäufer hat gesagt, es sei mehr als 120 Jahre alt.«

»Wow, das ist toll!«

Ich fand es nun sehr schade, dass ich nur so planlos herumgeirrt war, aber andererseits hatte das meinen Geldbeutel geschont, in dem eh nicht mehr allzu viel drin war. Leider hatte ich keinen Freund dabei, der mich mit antikem Schmuck verwöhnte.

Aber ich bekam auch etwas. Philippe schenkte mir ein Buch, das er extra für mich erstanden hatte. Es war Victor Hugos »Notre-Dame de Paris«, also eine französische Ausgabe des »Glöckner von Notre-Dame«, mit einem wunderhübschen Jugendstileinband und zahlreichen Holzschnitten von der Kathedrale.

»Aber, das, das kann ich nicht annehmen«, sagte ich überwältigt.

Er lachte. »Doch, das kannst du, ich bitte dich darum, und du kannst mir eine solche Bitte doch nicht abschlagen, oder?«

Und weil er mir so süß zuzwinkerte, und ich das Buch sowieso nie wieder hergeben würde, flüsterte ich einfach nur noch überwältigt: »Merci!«

Jetzt liegt das Buch vor mir auf der Schreibplatte des Sekretärs und ich bin sehr glücklich, es zu besitzen. Es wird mich immer an Paris und Philippe erinnern …

10. TAG

MONTAG · lundi

Natürlich gehört zu Paris auch der Tour Eiffel, der Eiffelturm! Er ist das berühmteste Wahrzeichen der Stadt, und heute werden wir ihn besichtigen. Wow! Ich war so was von aufgeregt. Aus der Ferne gesehen hatte ich ihn ja nun schon mehrmals, aber das reichte selbstverständlich nicht. Mein Tatendurst verlangte nach einer Erstbesteigung! Und heute würde dieses denkwürdige Ereignis also stattfinden. Dann konnte ich endlich die ganzen Postkarten mit Turm abschicken, ein Kreuz an die Spitze machen und schreiben: Da oben habe ich gestanden … Mila! Da würden meine Mam und mein Dad aber staunen. Obwohl … Mam war ja bestimmt auch schon selber dort gewesen. Na, Kati jedenfalls noch nicht … dann würde eben die staunen.

Erstbesteigung des Tour Eiffel durch Mila und Hanna

»La Tour Eiffel ist nach seinem Konstrukteur Gustave Eiffel benannt. Eröffnet wurde er zur Weltausstellung 1889. Der arme Mann musste seinerzeit sehr viel Kritik einstecken, denn die meisten Architekten fanden sein Werk *absolutement moche*, also abgrundtief hässlich. Dabei war es ein Konstruktionswunder und das höchste Gebäude der damaligen Welt.«

Na ja, das kannte ich ja nun schon, dass die Franzosen wohl aus Prinzip gegen jede Neuerung waren, sie dann aber geradezu euphorisch in Besitz nahmen, wenn sie erst mal da war.

»Wie hoch ist er denn?«, fragte ich Philippe, der gerade diesen kleinen einführenden Vortrag gehalten hatte. Wir standen am Fuß des Eiffelturms, Hanna und ich hatten die Köpfe in den Nacken gelegt und starrten zur Spitze hinauf.

»312 Meter«, antwortete Gerard für seinen Bruder. Philippe hatte es sich mal wieder nicht nehmen lassen, Hanna, Gerard und mich zu begleiten. Ich glaube, er fühlt sich irgendwie für mich verantwortlich oder er hat mit seinem Bruder einen Deal laufen, der mich ab und zu mal von den beiden fernhalten soll, damit sie in Ruhe zärtlich sein können, ohne dass ich als Anstandsdame dabei bin. Ehrlich gesagt funktionierte das bisher prima. Ich hätte mir keinen besseren Reiseführer und ... Animateur wünschen können.

»Das Empire State Building hat ihn überholt, glaube ich«, sagte Hanna und schob ihren Kopf wieder in eine normale Position, was ich ihr nachtat. Aua, hatte echt schon leichte Genickstarre!

»Ja, das war in den 30er-Jahren ... aber immerhin, für ein paar Jahrzehnte hatte er den Ruhm.«

Ich kicherte. »Na ja, heutzutage, wo Asiaten und Scheiche den Himmel stürmen, sind alle beide doch nur noch Zwerge.«

Philippe sah mich fragend an. »Ist Höhe wirklich so wichtig? Ist es nicht eher die Genialität der Konstruktion? Ihre Ästhetik?«

»Du hast natürlich recht, Philippe«, konnte ich ihm leicht zustimmen. »Ich finde den Eiffelturm viel schöner als diese bombastischen Rekordgebäude. Er ist aus einem so harten Material und trotzdem wirkt er leicht und elegant auf mich. In Wirklichkeit ist er noch viel schöner als auf all den Abbildungen, die ich gesehen habe.«

Er schien zwar in den Himmel zu wachsen, war aber auch irgendwie fest im Boden verankert.

»Ich weiß nicht, ob ich nicht völlig falschliege«, sagte ich zu Philippe, »aber ich habe den Eindruck, ihr Franzosen müsst euer Land schon immer sehr geliebt haben, denn wie könntet ihr, selbst wenn ihr den Himmel stürmt, gleichzeitig so erdverbunden bleiben?«

»Das musst du mir ein bisschen genauer erklären, Mila«, antwortete Philippe, griff nach meiner Hand und zog mich in Richtung Champ de Mars, wo die Jungs mit uns ein Picknick machen wollten. Und da Hanna mit Gerard knutschte, ließ ich es mir gefallen.

»Nun, ich kann mir gut vorstellen, dass das Empire State Building wie eine Rakete vom Boden abheben könnte, aber beim Eiffelturm gelingt mir das nicht. Ich denke eher, dass er sich mit seinen Füßen nur noch fester in den Boden von Paris krallen würde ...«

»Ein spaßiges Bild und eine interessante Überlegung«, meinte Philippe.

»Na ja, die Spitze ist wohl nur dazu da, damit der Pariser von dort stolz auf seine Stadt schauen kann. So wie bei diesem Goethe-Gedicht, wo der Herrscher auf den Zinnen seiner Burg steht und mit bewegten Sinnen auf Samos schaut ... Polykrates oder so ...«

Nun war Philippe richtig beeindruckt. »Aber er war ein Herrscher«, sagte er. »Hier freut sich das Volk daran, Paris gehört uns allen, das ist der Unterschied.«

Ich nickte noch mal und fand, dass das gut so war.

Okay, Schnitt! Neues Motiv! Neue Gedanken!
Jetzt kommt erst mal der Bericht von der Besteigung:

Wie Gerard eine Therapie gegen Höhenangst entwickelte, und wir den Eiffelturm bezwangen

Doch, »bezwingen« ist absolut das richtige Wort. Jedenfalls, was Hanna und mich betraf. Da schwingt so was von Erstbesteigung Eigernordwand mit oder Nanga Parbat oder so ... die haben ihre Kletterfelsen auch alle bezwungen ... wir haben da eben mal etwas kleiner angefangen ... genau gesagt mit 345 Stufen ...

Stairway to heaven ...

Nur schlecht, wenn man da unter Höhenangst leidet wie Hanna. Aber der Reihe nach.

Dr. psych. Gerard Lezards Therapie gegen Phobia hauteur, die gemeine Höhenangst

Gerard, der Hanna bereits bei der Besteigung eines Turmes der Sagrada Familia in Barcelona hatte speien sehen, hatte sich in den Kopf gesetzt, ihre Höhenangst mit der Besteigung des Wahrzeichens seiner Heimatstadt ein für alle Mal zu besiegen. Er hatte sich sogar eine regelrechte Therapie dafür zurechtgelegt.

Stufe 1: Der Gefahr ins Auge sehen – mentales Training

Dazu diente ein wirklich lukullisches Picknick auf den Champs du Mars, einem ehemaligen Aufmarschplatz der benachbarten Militärakademie, der inzwischen als Park hergerichtet war. Gerard führte uns dort zu einem idyllischen Plätzchen, wo wir uns in gebührendem Abstand zum Eiffelturm niederließen. Die Jungs holten Decken aus ihren Rucksäcken und tischten auf, was Blanche Köstliches eingepackt hatte. Lauter winzige, mit den Fingern essbare Köstlichkeiten, hm ... soooo lecker.

Wir lachten viel, genossen das Essen, Hanna und Gerard lachten mit, aßen ein paar Happen und knutschten dann gleich wieder rum. Deren Genussebene lag offensichtlich erst in zweiter Linie beim Essen.

Ein Stückchen Pâté de Carnard ... ein Kuss ... ein Blättchen Salat ... ein Kuss ... ein kaltes Schenkelchen vom Poulet ... der nächste Kuss ... und so weiter und so weiter ...

»So«, meinte Gerard, als wir fertig waren, zu Hanna. »Du dich setzt jetzt in die Lotussitz und schaust zu die Eiffelturm. Dabei du genießt einfach nur sein Schönheit. Einfach nur so, ohne jede Nebengedanken. Nimm diese Schönheit ganz auf in dich und sage dir, dass sie ist etwas Gutes ... auch für dich.«

»Ah, ja«, antwortete Hanna, die man mit allem esoterischen Schnickschnack jagen konnte. Mich übrigens auch, und ich fand das Verhalten von Gerard in der Tat etwas wunderlich. Kati hatte mitunter die Mondin für ihre Hexenrituale angerufen ... Eiffelturm-Anrufen war ja mal was anderes ... hatte ich jedenfalls noch nicht.

Gerard setzte seine esoterische Therapie also fort. »Sprich mir nach: Du bist gut für mich und du bist wunderschön ... ich nehme dein Schönheit auf in mich ...«

Hanna quiekte urplötzlich auf und bekam dann einen derartigen Lachkrampf, dass Gerard sie ganz verschreckt anstarrte.

Hanna prustete noch immer, als sie sagte: »Entschuldige, Liebling ... ist schon wieder gut ... ich ...

ich habe nicht nur Höhenangst, sondern auch eine Phobie gegen esoterische Einflüsterungen.« Sie kicherte erneut.

Aber Gerard blieb ernst und Philippe sprang ihm helfend bei: »Hanna, konzentrier dich einfach und schau hin. Dann wirst du feststellen, dass die erste Ebene, zu der man über schlappe 345 Stufen gelangen kann, eigentlich die Basis des Turms ist. Hoch, Hanna, ist er nicht einmal in der zweiten Ebene, sondern erst auf der Spitze. Auf der ersten Ebene, da ist er nicht höher als das dritte Stockwerk der Galeries Lafayette.« Er lachte frech. »Und da hast du schließlich wegen deiner Höhenangst auch nicht auf das Shoppen verzichtet, oder?«

Das war ja ein fieser Trick, dachte ich bei mir, musste Philippe aber lassen, dass er das ziemlich geschickt gemacht hatte.

Hanna wirkte zwar noch skeptisch, konnte sich aber dieser cleveren Argumentation nicht ganz verschließen.

»Mensch, Hanna«, unterstützte ich ihn also, »dann besteht für Höhenangst bis zur ersten Ebene jedenfalls kein Grund. Da kannst du also locker raufgehen, oder wenn es dir lieber ist, mit dem Fahrstuhl hochfahren. Ist wirklich nicht anders als im Kaufhaus.«

Gerard schien sichtlich zufrieden mit seinem Therapieansatz und fragte darum mit viel Optimismus in der Stimme: »Willst du?«

Hanna nickte gequält und trank einen Schluck.

»Gut«, meinte Gerard. »Dann wir das machen und dann wir sehen weiter. Qui?«

Hanna nickte, wirkte aber wie ein Schaf, das man zur Schlachtbank führte.

Also unternahm auch ich noch einen therapeutischen Versuch.

»Das kriegst du hin, Hanna«, sagte ich sanft. »Du wirst sehen, das ist bestimmt total easy und ganz toll.«

Hm, ja. Alles Ansichtssache, sag ich mal.

Stufe 2: Den inneren Schweinehund zum Flughund machen

Die Jungs hatten auch diesmal die Tickets bereits im Internet besorgt, sodass wir uns wenigstens nicht in die lange Schlange vor den Kassen anstellen mussten. Und Gerard und Philippe hatten offenbar die Touristenströme genau beobachtet, sodass wir tatsächlich eine relativ ruhige Phase erwischten. Das war gut, weil man nicht durch ständig nachdrängende Menschen gezwungen wurde, die 345 Stufen zur ersten Ebene praktisch in einem Rutsch zu erklimmen. Nach den ersten 150 war ich auch so schon nah dran, schlappzumachen.

Was Hanna anging, bewies sie als Leistungssportlerin einen absoluten Willen zum Sieg und ging die Treppe wie eine sportliche Herausforderung relativ beherzt an. Nun, wo sie sich einmal durchgerungen hatte, verzichtete sie heroisch auf den Fahrstuhl und stürmte mit Gerard sogar voraus. Aber schon beim ersten Fotostopp, der natürlich mit einem Blick aufs Panorama und damit nach unten verbunden war, erlahmte ihr Enthusiasmus schlagartig. Während ich für Philippe vor einem Jugendstilornament in der Verstrebung posierte, umklammerte sie Gerards Arm und hielt sich mit der anderen Hand krampfhaft am Geländer fest. Ich nahm das zwar wahr, aber irgendwie keine Rücksicht darauf, denn mich hatte ein totaler Begeisterungstaumel gepackt.

»Huhu! Hanna! Komm doch auch mal her – wir beide fürs Foto! Bitte!!! Als Erinnerung!«

Gerard schob Hanna zu mir rüber, mit dem Erfolg, dass sie sich nun an mich klammerte und das schöne Motiv durch ihren verschreckten Kaninchenblick völlig ruinierte. Na toll, das sah ja echt nach Megaspaß in Paris aus.

Dennoch stiegen wir weiter, denn wieder runterzugehen, hätte an Selbstmord gegrenzt. Jedenfalls tat es niemand. Dieser Highway to Heaven war ganz offensichtlich eine Einbahnstraße.

Es war wie ein Wunder, als wir endlich die Plattform der ersten Ebene erreichten.

»Und? Schlimm gewesen?«, fragte Philippe.

Oh, Mann! Wie schlimm es gewesen war, sah man der weichkäsebleichen Hanna ja wohl an. Dennoch sagte sie taff: »Das nächste Stück schaffe ich auch noch. Wie viele Stufen sind es?«

»700«, sagte Gerard. »Une bagatelle!«

Ja, klar! Mir jedenfalls zitterten die Knie.

Wir merkten dann sehr schnell, dass das »Doppelte von etwas« weit mehr als nur zweimal das Gleiche sein kann. Denn als wir die nächsten 350 Stufen geschafft hatten, fühlten sich meine Beine wie Pudding an, und meine Muskeln verfielen in ein unkontrolliertes Zittern. Die Schritte wurden immer langsamer und der Atem kürzer. Oh, merde! Nahm denn dieser Aufstieg überhaupt kein Ende?

Philippe merkte wohl, dass ich in ein konditionelles Loch zu stürzen drohte, und versuchte, mir Mut zu machen. »Stell dir einfach vor, es wäre der Mount Everest ... da oben ist die Luft auch ziemlich dünn ...«

Kindskopf! Ich kann nicht mehr!!!!

Er registrierte es zum Glück und rief: »Stopp, Leute! Foto!« Und als ich mich erschöpft an einen Pfeiler lehnte, schwärmte er beim Knipsen: »Schaut doch mal, im Hintergrund, da seht ihr La Défense ... und vorne zwei Mädchen von heute an altem Eisen ... was für eine wunderbare Symbiose von Historie und Moderne – großartig. Damit gewinne ich bestimmt einen Fotowettbewerb.«

Hm, wohl eher mit dem, was folgte.

3. Stufe: Grau, mein Freund, ist alle Theorie oder wie der Flughund wieder zum Schweinehund wurde

Hanna ließ sich von Philippe in Positur schieben, warf einen Blick nach unten, sah wohl die Treppe – schmal, endlos, wie frei schwebend ins Nichts verlaufend – und verlor erst die Contenance und dann die essbaren Bestandteile des Picknicks … halb verdaut … ja, da hätte ich ebenfalls gleich göbeln können. Und dann, OMG, hatte hier auch noch alles Löcher … na, hoffentlich standen keine Leute unter uns, denen die ganze Bescherung auf dem Kopf gelandet war. Ähm, ja. Aber da der von mir erwartete empörte Aufschrei ausblieb, schien uns und denen wenigstens das erspart geblieben zu sein.

Hanna bibberte am ganzen Körper, so als sei sie in eine Kältekammer geraten, und entschuldigte sich wortreich mit klappernden Zähnen. Sie sah dabei so was von unlebendig aus, dass sich nun auch die Jungs Sorgen zu machen begannen. Nur war Abhilfe schwer zu schaffen, denn wir steckten genau zwischen den beiden Ebenen fest und es war ziemlich egal, ob wir den Rücksturz zur Erde oder den weiteren Höhenflug wählten. Allerdings wollte Hanna weder das eine noch das andere. Sie hing wie ein schlaffer Sack in Gerards Armen und obwohl der gebetsmühlenartig auf sie einredete, schien sie keins seiner Worte zu erreichen.

Ach, Mist!, dachte ich. Sie hätte einfach doch mit dem Fahrstuhl fahren sollen. Ein paar Minuten Angst und dann wäre sie oben gewesen und notfalls genauso schnell wieder unten. Blöder Ehrgeiz und dämlicher Therapieversuch! So quälte sie nicht nur ihre Seele, sondern auch ihre Beinmuskeln und beides war offensichtlich zu viel für sie.

Der Berg gehört erst dir,
wenn du wieder unten bist,
so lange gehörst du dem Berg.
(Alter Bergsteigerspruch)

La Tour Eiffel express!

Nun gut. So ganz weiß ich auch nicht mehr, wie wir es dann doch zur zweiten Plattform geschafft haben, und weil Hanna auf keinen Fall bis zur Spitze wollte, andererseits aber der Ansicht war, dass ich da unbedingt hochmüsste … doch auf keinen Fall auf sie Rücksicht nehmen sollte … und mir dieses Erlebnis nicht entgehen lassen dürfte … befand ich mich wenig später mit Philippe im Expressfahrstuhl, während sie und Gerard in einem feinen Restaurant auf Ebene zwei bei einem Café chillten.

Oben war es dann ziemlich windig und damit ich nicht weggeweht wurde, musste mich Philippe ganz fest in seine Arme nehmen … oh, merde, merde … was haben diese Franzosen nur an sich? Philippe jedenfalls war wie ein Fels für mich … so gelassen, stark … und beschützend.

Auch wenn ihm seine langen Haare ständig vor das Gesicht wehten und er kein bisschen so aussah … also wie ein Held aus meinen Kinderträumen … aber so ist das im Leben eben, es überholt die Träume … manchmal jedenfalls.

Er lachte, zog den Fotoapparat raus und drückte ihn einem vorbeigehenden Japaner in die Hand.

»Please ... only one picture with both of us ... une photo de nous ... moi et ma copine, merci beaucoup!«

Der Japaner grinste asiatisch breit mit blitzenden stahlend weißen Zähnen und nickte. Klack, klack waren zwei Bilder im Kasten. Très bien!

Äh ja, merci, thanks a lot ... and have a nice day – wir sehen uns dann bei der Mona Lisa im Louvre wieder ... on a rainy day!

Nach diesem Intermezzo fühlte ich mich besser, und so konnte ich mit Philippe zusammen doch noch ein wenig den fantastischen Ausblick genießen. Der Blick ging über den Trocadéro, den Arc de Triomphe bis La Défense ... was aber heute im Dunst lag.

»Mila«, fragte Philippe, »wirst du wieder einmal nach Paris kommen?«

»Klar, auf jeden Fall – es ist fantastisch!«

»Das finde ich auch, aber ich bin natürlich nicht objektiv, denn ich liebe diese Stadt.«

»Ich auch.«

»Man muss sie lieben, besonders, wenn man wie ich Philosophie studiert.«

»Warum?«

»Nun, viele Menschen meinen, die Wiege der Demokratie hätte in Athen gestanden ...«

»Ist das denn nicht so? Wir haben es in der Schule auch so gelernt ...«

Philippe legte seine Hand auf die meine. »Doch,

Mila, einerseits schon ... für die Antike mag das gelten, aber hier in Paris ... da begann die Moderne, mit dem Sturm auf die Bastille begann ein neues Zeitalter. Es ging nicht nur um eine Staatsform, in der privilegierte Bürger gleiche Rechte haben sollten, sondern um den revolutionären Gedanken, dass Demokratie nicht sein kann, wenn man zugleich andere Menschen versklavt. Hier in Paris wurde der Gedanke der Gleichheit mit dem Gedanken der Freiheit und – auch ganz wichtig – dem der Brüderlichkeit verbunden.«

»Warum ist das so wichtig?«

»Weil Brüderlichkeit das Gesetz des Stärkeren aushebelt und verlangt, dass man auch dem Schwachen ein Bruder sein muss, ihn stützen muss. Erst diese Erkenntnis hat den Sozialstaat möglich gemacht.«

»Aber das hat ziemlich lange gedauert«, warf ich ein. »Von eurer Revolution bis in die Gegenwart.«

Philippe lachte. »Das stimmt leider, du bist wirklich nicht dumm, Mila!«

»Philippe!« Mir fiel plötzlich etwas auf. »Weißt du, dass genau 100 Jahre zwischen eurer Revolution von 1789 und der Fertigstellung des Eiffelturms liegen?«

Er nickte und ich grinste, denn mir war noch etwas anderes aufgefallen.

»Aber, Herr Philosoph, du weißt bestimmt nicht, dass noch einmal 100 Jahre später die Ideen von Menschenwürde und Freiheit und Brüderlichkeit zur Wiedervereinigung Deutschlands geführt haben!?«

Philippe sah mich erstaunt an. »Wirklich?«

»Ja, 1989 haben die Bürger die Machthaber in der DDR in die Knie gezwungen.«

»Das stimmt«, gab Philippe zu. »Das war die erste Revolution in deinem Land, die wirklich funktioniert hat ... und dann noch ohne Blutvergießen. Respekt und chapeau! Ich habe immer gedacht, dass ihr Deutschen so was nicht schafft. Entschuldige, das war überheblich.«

Ich schüttelte den Kopf. »Nein, nein, Philippe, es ist doch schön, dass wir beide stolz auf unsere Länder sein können.« Er sah mich wieder so intensiv mit seinen braunen Augen an, dass mein Herz ganz unrhythmisch zu klopfen begann.

»Stimmt, Mila, und ist es nicht toll, dass ihr die Spaltung eures Volkes überwunden habt, weil ihr die Ideale *unsere*r Revolution auch zu den euren gemacht habt ...«

Er grinste mich frech an. »Gib zu, dass wir also einen ganz großen Anteil an der Wiedervereinigung haben.«

Ich musste lachen und als ich jetzt meinen Blick in Richtung Bastille schweifen ließ, wo die Revolutionssäule golden leuchtete, da liebte ich diese Stadt noch viel mehr.

Als wir mit dem Fahrstuhl wieder zur zweiten Ebene fuhren, beschloss ich, irgendwann einmal auch mit Markus oben auf der Spitze zu stehen und ihm dies alles zu erzählen. Danach würde ich ihn in die Arme nehmen und wir würden uns über den Dächern dieser wunderbaren Stadt küssen – frei und gleich und gar nicht brüderlich!

DIENSTAG · mardi

Hanna hat sich heute einen Tag ganz alleine mit Gerard gewünscht. Blöd, aber natürlich konnte ich nicht Nein sagen. Sie hat auch nicht verraten, was sie vorhaben. So hocke ich nun also hier einsam vor meinem Tagebuch und ergänze meine Einträge. Schon eine ganze Menge, was wir gesehen und erlebt haben. Vielleicht könnte ich ja noch mal einen Versuch starten, mit Émilie ins Gespräch zu kommen?

Ihr Benehmen ist schon ziemlich seltsam. Sie ist relativ selten zu Hause. Bereits in der letzten Woche ist mir das aufgefallen, aber gestern und heute ist sie noch früher als sonst aus dem Haus gegangen. Gestern kam sie erst gegen Abend nach Hause und setzte sich wortlos für einen kurzen Moment an den Küchentisch, wo Hanna und ich grade einen Toast aßen. Dabei wirkte sie ziemlich erschöpft.

»Willst du auch?«, hatte Hanna gefragt und ihr ein Brot angeboten. Aber sie hatte nur den Kopf geschüttelt, einen Joghurt aus dem Kühlschrank geholt und war dann verschwunden. Ohne ein weiteres Wort.

»Leidet sie an Magersucht?«, fragte ich.
Hanna zuckte die Schultern. »Keine Ahnung, sie sieht jedenfalls nicht gut aus. Gerard meint, sie übt viel fürs Ballett, er fürchtet ein bisschen, dass es zu anstrengend für sie sein könnte. Sie muss ja auch noch für ihr Baccalauréat pauken.«
Ich stand auf, ging hinüber zu ihrem Zimmer und klopfte. Als mit klar wurde, dass ich gar nicht wusste, was ich ihr sagen sollte, war ich froh, dass sich nichts rührte, und setzte mich wieder an den Schreibtisch.
Ein wirklich seltsames Mädchen, sehr mundfaul und nicht wirklich freundlich zu Hanna und mir.

Kleiner Mann ganz groß – Napoleon

Mittags ging ich in die Küche, um mir einen Salat zu machen. Dabei fühlte ich mich in der riesigen Wohnung direkt ein bisschen verloren. So war ich froh, als Philippe auftauchte, der in der Unibücherei gewesen war und fragte, ob ich nicht Lust hätte, mir den Sarkophag von Napoleon anzusehen. Das sei ein netter kurzer Spaziergang und nach der Anstrengung von gestern genau das Richtige.

Napoleons Sarkophag stand direkt in der Rotunde unter der Kuppel des Invalidendoms. Er war aus rotbraunem, glänzend poliertem Stein und stand auf einem schwarzen Sockel. Er wirkte sehr schlicht, und auf jeder Seite waren zwei steinerne gemeißelte Kränze. Ich fand ihn irgendwie etwas unförmig, im Verhältnis ziemlich klein ... aber das war Napoleon ja auch ... klein. Geflasht hat es mich nicht, und während ich im Panthéon am Sarg von Victor Hugo sehr ergriffen war, stellte sich hier überhaupt keine Verbindung für mich her.

Mich fröstelte es etwas, und so fragte ich nur: »Können wir wieder gehen?«

Philippe griff nach meiner Hand. »Sie ist eiskalt«, sagte er verwundert.

»Vielleicht, weil ich an das Bild von dem missglückten Russlandfeldzug aus meinem Geschichtsbuch gedacht habe. Es zeigt Napoleon, zu Fuß durch den Schnee stapfend, ohne Pferd, vorbei an toten Soldaten ...«

Philippe legte seinen Arm um mich. »Da kann einem in der Tat kalt werden, Kriege sind einfach eine Katastrophe – für alle Menschen«, meinte er und führte mich hinaus in die Sonne. Hand in Hand schlenderten wir zurück nach St. Germain. Da tranken wir einen Café im Deux Magots und ich dachte, dass es schön wäre, wenn ich jetzt hier mit Markus sitzen könnte.

Denn ganz plötzlich fehlte er mir so unglaublich, dass ich vor Sehnsucht nach ihm hätte weinen können.

Ich habe sie gefragt!

Am Abend kam Hanna zu mir in mein Zimmer und sie wirkte so glücklich, dass es mir direkt wehtat. Nicht, weil ich es ihr nicht gönnte, sondern einfach, weil ich so weit von Markus weg war. Gerade heute hatte ich es besonders deutlich gespürt.

Ich habe sie dann einfach gefragt. Nicht aus Neugier eigentlich, sondern weil es mir wichtig war, es von meiner besten Freundin zu wissen … also, ob sie es mit Gerard tut … also das halt … mit ihm schlafen.

Sie sind ja nun schließlich schon eine Ewigkeit zusammen, und so wie das auf Mallorca mit Helge und Reina war, so war das sicherlich auch bei ihnen.

»Also, versteh mich jetzt nicht falsch, Hanna, das ist ja deine Privatsache und geht mich eigentlich gar nichts an und das musst du mir auch nicht erzählen … es ist ja ganz alleine euer Ding … und ich will auch nicht indiskret sein …«

Sie kicherte. »Mein Gott, Mila! Nun brich dir mal keinen ab! Warum eierst du denn so rum? Natürlich schlafe ich mit Gerard, schon seit Potsdam … seit ich ihn dort nach unserem unverhofften Wiedersehen auf seiner Studentenbude besucht habe.«

Oh, da blieb mir jetzt aber die Spucke weg.

»So lange schon?« Das hatte ich nicht erwartet.

Hanna grinste. »Ja, was dagegen?«

»Nee … nein, natürlich nicht … äh … ich habe gar nichts gemerkt.«

Nun lachte sie laut. »Super, dann sieht man es mir ja wenigstens nicht an der Nasenspitze an, und meine Mutter hat es hoffentlich auch nicht mitgekriegt. Die würde mich sofort auf eine Klosterschule schicken.«

Jetzt lachte ich auch, aber wenn ich es mir ehrlich eingestand, hatte ich doch etwas mitgekriegt, so indirekt ... unterbewusst gespürt, weil Hanna irgendwie ruhiger und reifer und so von ganz innen heraus glücklich gewirkt hatte, seit sie wieder mit Gerard zusammen war.

»Warum hast du denn eigentlich gefragt?«, wollte sie nun aber doch wissen.

»Ach, weil ... glaubst du, Markus möchte mit mir auch ... du weißt schon ...?«

»OMG, Mila! Sind wir bei Harry Potter? Ich bin deine Freundin und du kannst es ruhig aussprechen. Das erste Mal ist doch durchaus ein Thema, jetzt, wo wir alle drei – Kati ja auch – nun schon länger einen festen Freund haben.«

»Meinst du, ich sollte es tun?«

Hanna schüttelte den Kopf. »Mila, diese Frage kann ich dir nicht beantworten. Das müssen zwei Menschen, die sich lieben, selber wissen, wann für sie der richtige Zeitpunkt gekommen ist.«

Ich nickte beschämt. »Ja, da hast du recht. Tut mir leid, das war eine dumme Frage.«

»Muss dir nicht leidtun«, meinte sie und legte sanft ihre Hand auf meine. »Ihr merkt es schon, wenn der richtige Augenblick da ist – ganz bestimmt, und dann ist es bei euch garantiert genauso schön wie bei mir und Gerard.«

Sie sah mich mit so strahlenden Augen an, dass ich das sichere Gefühl hatte, dass es zwischen den beiden wirklich ganz wunderbar lief. Die waren einfach füreinander der absolute Glückstreffer.

»Jedes Ding hat seine Zeit«, ergänzte Hanna noch, bevor sie auf ihr Zimmer ging. »Glaub mir, Mila, du musst einfach mal ein bisschen Vertrauen haben, dass das Schicksal die Dinge schon fügen wird. Schließlich entscheidest du es ja nicht alleine – Markus ist doch auch noch da.«

Ja, und damit hatte sie zweifellos recht.

Als sie weg war, holte ich mein Handy hervor und schrieb eine SMS: *Lieber Markus – love U – Mila!*

12. TAG

MITTWOCH · mercredi

»Wir heute nehmen die Auto«, sagte Gerard.
»Aber warum?«, fragte ich. »Ich dachte, wir wollten zu den Champs-Élysées, da kommt man doch prima mit der Metro hin.«
Gerard lachte nur frech. »Könnt ihr Weiber nicht mir einmal schenken eine bisschen Vertrauen? Wenn ich sage ›Auto‹, dann wir nehmen Auto! Es wird eine Spaß. Ihr das werdet sehen, das es gibt nur in Paris!« Und er verschluckte, wie alle Franzosen, das »s« bei Paris. Na dann … es musste wohl sein.

Von sportlichen Triumphen – Stretchlimousinen und Nobelshops
Es fing ganz harmlos an. Durch irgendwelche Seitenstraßen schlängelte sich Gerard ziemlich gekonnt bis zum Arc de Triomphe …

Also ja, das war dann schon ein ziemlicher Schock. Du kommst da aus einer schmalen Einbahnstraße und plötzlich stehst du vor dem gewaltigsten Kreisverkehr, den du in deinem ganzen

Leben gesehen hast. Achtspurig führt er um den prächtigen goldglänzenden Triumphbogen herum, und sobald sich eine Lücke auftut, wirst du unweigerlich mit deinem Auto hineingesogen in diesen ewig rotierenden Wirbel. Da hast du dann gar keine Augen mehr für das großartige Pariser Wahrzeichen, das sich Kaiser Napoleon I. nach dem Sieg bei Austerlitz selbst spendierte. Der war ja so was von geil auf Ruhm! Pech nur, dass das Teil erst nach seinem Tod fertig wurde.

»Wenigstens seine Gebeine haben den Bogen dann doch noch durchschritten«, erklärte Gerard. »Nämlich nach seine Tod, als sein sterbliche Überreste aus die Verbannung in die Invalidendom übergeführt wurden.«

»Überführt wurden«, korrigierte Hanna zwar routinemäßig, aber wie gesagt, im Konkurrenzkampf mit der Blechlawine zu seinen Füßen zog der Triumphbogen sowieso eindeutig den Kürzeren.

Als Autofahrer, da hast du nur noch Augen für die Autos vor, neben und ja … auch hinter dir … denn alles um dich herum ist Bewegung, ein einziger rasender Strudel. Ich saß wie auf einem Donnerbalken mit zusammengepressten Pobacken und Knien auf der Rückbank und starrte wie versteinert nach vorne durch die Windschutzscheibe. Dabei hatte ich aber ständig das Gefühl im Nacken, gleich von hinten überrollt zu werden.

Gerard lachte und gab mal kurz ein bisschen

Gas. Statt nun brav an den Champs-Élysées den Kreisverkehr wieder zu verlassen, begann er sich von der äußeren Fahrbahn Stück für Stück in das Innere des Kreisels vorzuarbeiten.

»Einmal von außen nach ganz innen und dann bei die nächste Mal wieder nach ganz außen«, erklärte er mit hörbarer Begeisterung in der Stimme, »Und dann bei die Avenue des Champs-Élysées raus. So geht das hier!«

Er schaute zu Hanna rüber, die auch ganz abrupt verstummt war und genauso zusammengefaltet auf ihrem Sitz hockte wie ich.

»Das ist Sport! *Mademoiselles!* Sport, Spaß und Thrill! Da kommt kein Fahrgeschäft in Disneyland mit.«

Ah ja? Na, wenigstens saß ich nicht auf dem Todessitz, dachte ich, schämte mich aber gleich wegen meines Egoismus, denn Hanna war schließlich meine beste Freundin und hatte auch was Besseres verdient.

Bei der zweiten Runde konnte ich allerdings nicht umhin, Gerard auch ein bisschen Respekt für seinen reaktionsschnellen und absolut furchtlosen Fahrstil zu zollen. Wir befanden uns jetzt tatsächlich im inneren Kreis der in acht Spuren nebeneinanderfahrenden Autos.

Natürlich waren diese Spuren nicht aufgemalt und voneinander abgegrenzt, sondern passten sich einfach der jeweiligen Fahrzeuggröße an und sortierten sich in nahezu jedem Augenblick nach den gerade herrschenden Verhältnissen neu. Etwa im Rhythmus eines Wimpernschlages, um mal so eine zeitliche Hausnummer zu nennen. Ein Bus, ein Lastwagen, ein Campingmobil verbreiterten die Spur, in der sie fuhren, gewaltig, was dann aber zur Folge hatte, dass die Spuren neben ihnen plötzlich unverhältnismäßig schrumpften. Also, wer unsere Autobahnbaustellen mit 2 Meter Spurbreite in Deutschland eng findet, der sollte hier besser nicht fahren. Das sind Prachtstraßen gegen diese hier! Also gut, Gerard meisterte alles mit Bravour. Wurde es links eng, wich er nach rechts aus, und umgekehrt genauso. So arbeitete er sich langsam wieder zum äußeren Rand des Wirbels ...

Er war etwa in der dritten Spur von innen angekommen, mein Körper begann sich bereits etwas zu entspannen, als er plötzlich derart scharf in die Bremse stieg, dass wir alle nach vorne in unsere Sicherheitsgurte geworfen wurden. Ich schrie hysterisch auf, weil ich dachte, dass es nun jeden Moment krachen würde. Sicher würde er gleich auf ein Auto auffahren oder jemand würde von hinten in uns reinbrettern. Aber nichts passierte. Mochten die Bremsen auch noch so schauerlich quietschen, sie waren offensichtlich bei allen Fahrzeugen, die sich in dieses Todeskarussel trauten, bestens eingestellt.

Der Schock steckte mir noch in den Knochen, als ich nach vorne schaute und fast einen Herzinfarkt erlitt. Direkt vor uns, quer zur Fahrtrichtung, über fast drei Spuren verteilt ... äh ... nein Quatsch ... an einem Stück natürlich ... stand wie eine Mauer aus Blech und Aluminium eine glänzende weiße Stretchlimousine völlig bewegungslos da und hielt den Verkehr auf. Ich traute meinen Augen nicht und war geradezu geblendet von diesem Ding da in der Morgensonne. Wie ein plötzlich gelandetes Ufo, so was von weiß und so was von gestrecht ... Rechts und links neben uns hatten alle angehalten und sofort die nun beschäftigungslose Lenkhand auf die Hupe gelegt. Wie in einer Quizshow auf den Buzzer geknallt! Voll der Reiz-Reaktions-Mechanismus. Jaul!!!!

OMG!

»Wa... was ist das?«, fragte ich völlig verdattert. Dann sah ich es selber, denn zwei der getönten Seitenscheiben der Stretchlimousine fuhren wie von Geisterhand bewegt herunter und gaben den Blick auf ein paar tief verschleierte Musliminnen frei, die sichtlich irritiert auf das Hupkonzert reagierten.

»Ihr habt aber echt Glück«, sagte Gerard grinsend. »Ich schon lange habe keine Scheich mehr vor die Kühlergrill gehabt. Dass die Jungs aber auch immer müssen selber fahren.«

»Scheich?«

Er nickte. »Klar, entweder es sind Diplomaten mit ihre Harem oder es einfach sind arabische Touristen, meist aus die Emirate, die hier machen mit ihre Damen ein bisschen Powershopping. *Champs-*

Élysée und *Rue du Faubourg St. Honoré.* Paris ist sehr angesagt in die arabische Welt.«

Der Stretchlimousinen-Scheich hatte es nun geschafft, sein Vehikel wieder so weit in die Fahrtrichtung zu drehen, dass er in der vierten Spur weiterfahren konnte. Das Hupkonzert endete ebenso abrupt, wie es begonnen hatte, und schwups setzte sich der rasende Wirbel wieder in Bewegung. Und zwar, ohne dass irgendjemand eine Beule oder auch nur den kleinsten Kratzer in seinem Blech davongetragen hatte.

Gerard steuerte nun zielstrebig an den äußeren Rand und preschte dabei sehr rasant über mehrere Spuren hinweg. Dann tauchte die Ausfahrt zur *Avenue des Champs-Élysées* auf, und wir waren erlöst.

»Wenn ihr noch habt Bock, wir können fahren bis runter zu die *Place de la Concorde* und machen das Gleiche in etwas kleinere Stil noch mal«, schlug Gerard neckend vor.

»Wenn du willst, dass ich dir ins Auto speie«, sagte Hanna trocken. Und so fuhr Gerard nur gemütlich im Strom mit, um dann in eine Nebenstraße abzubiegen und nach einer Parkgarage Ausschau zu halten.

Hanna war richtig fertig, als sie aus dem Auto krabbelte.

»Oh Mann!«, stöhnte sie. »Und deswegen mussten wir unbedingt mit dem Auto fahren? Ich habe Blut und Wasser geschwitzt und Todesängste ausgestanden!« Sie sah Gerard herausfordernd an. »Das kannst du nie wiedergutmachen ... es sei denn ...?«

»Es sei denn was?«

»Du gehst jetzt mit mir in die Rue Saint-Honoré und ich darf mir auf deine Kosten in einem der Designer-Läden ein Prêt-à-porter-Teil aussuchen.«

»Das mich würde töten«, sagte Gerard schmunzelnd, »und das wäre ungerecht, denn ihr schließlich habt die Fahrt überlebt.«

Wir mussten beide lachen, weil er sich mal wieder als recht clever erwiesen hatte. Aber ganz ohne Strafe kam er natürlich nicht davon und so trieben wir ihn gnadenlos ein paar Stunden durch die krassesten und angesagtesten Modeboutiquen von Paris. Erst ein langes Stück die Champs-Élysées runter und dann in die schmale *Rue du Faubourg St. Honoré* mit den besonders feinen Läden. Da waren sie alle: Hermes, Gucci, Versace, Lacroix ... wie in einem Rausch taumelten wir von Laden zu Laden und obwohl wir wirklich nicht nach der Kundschaft aussahen, die auch etwas von den teuren Teilen kaufen konnte, war man in jeder Boutique ausgesucht freundlich zu uns, in die wir uns reintrauten. Manche hatten allerdings einen derart abweisenden Charme von unerschwinglichem Luxus, dass uns einfach der Mut dazu fehlte ...

»Äh, Mademoiselles«, hielt Gerard einen Moment unseren Shoppingmarathon an. »Wenn ihr vielleicht mal kurz könntet stehen bleiben?«

»Warum?«

»Um zu schnüppern ein bisschen den Atem der Geschichte.«

Häh?

Er zeigte mit einer legeren Handbewegung auf die andere Seite der Straße, wo ein nicht besonders hübscher Kasten von einem Stadtpalast hinter einer hohen, aber schlichten Mauer lag. Ein paar französische Fahnen baumelten an einigen Fahnenmasten, die etwas weiter die Straße runter davorstanden. Also offensichtlich irgendein öffentliches Gebäude.

Nein, weit gefehlt! Nicht *irgendein* öffentliches Gebäude. Wir standen keine 8 Meter, denn breiter war die Straße nicht, vom *Élysée-Palast* entfernt vor einem Shop von *Feraud* und staunten Bauklötze. Das also war seit 1873 die Residenz aller französischen Präsidenten? Auch Napoleons Josephine, Kaiserin von seinen Gnaden, hat hier mal gelebt. Wow! Zwei einsame Wachleute standen gelangweilt vor dem Palast und wirkten eher lässig als Furcht einflößend ... extrem demokratisch, fand ich. Erfreulich friedliche Zeiten heutzutage. Keine Demonstrationen, keine Revolutionäre ... kaum vorstellbar, dass es in historischen Zeiten oft ganz anders ausgesehen hatte. Nicht weit von hier hatten schließlich die Guillotinen gestanden, auf denen man während der Revolution die regierenden Häupter um genau diese gebracht hatte. Ab mit dem Kopf!

Ich starrte noch fasziniert die Front an, die durch vier hohe Säulenpaare stilvoll gegliedert wurde, als sich auf einmal das eiserne Gittertor aufschob und – ich wurde ja nicht mehr – tatsächlich ein paar Limousinen herausrauschten. Hintereinander natürlich, schön brav in Reih und Glied, denn mehr als ein Auto passte gar nicht durch das recht schmale Tor der Ausfahrt. OMG, da fuhr doch tatsächlich mit zwei Begleitfahrzeugen der Präsident aus dem Palast, und wer war bei ihm? Angela Merkel! Ja, wirklich, ich hab sie genau erkannt, sie saß mit ihm im Fond der Limousine – unsere Bundeskanzlerin! War bestimmt mal wieder dabei, den Euro zu retten und überhaupt die ganze Stimmung in der EU!

Unsere Stimmung brauchte niemand retten, denn die war top. Paris ist wirklich endgeil!

Shopping-Marathon

Wobei ich sagen muss, dass mich die Rue Faubourg St. Honoré als solche dann doch nicht so geflasht hat. Die Läden da waren ziemlich klein und die Marken, die ich so erwartet hatte, gab es auch nicht.

Als ich mich darüber bei Hanna beschwerte, lachte Gerard und meinte: »Stimmt, die große Zeiten von diese Straße sind wohl vorbei. Aber ich weiß, wo wir können hingehen, damit die Damen kommen zu ihre ultimative Couture-Erlebnis.«

Er nahm Hanna an der Hand und zog sie mit

sich in Richtung Champs-Élysées. Wir stießen wieder auf die Prachtstraße, aber an einer Stelle, wo es keine Geschäfte mehr gab, sondern nur gepflegtes Grün.

»Willst du jetzt auch noch mit uns spazieren gehen?«, fragte ich etwas angenervt, denn mir taten schon die Füße weh. Diese Stadt war einfach zu groß. Und was noch schlimmer war, überall total schön und interessant, sodass man wirklich Kilometer um Kilometer zurücklegte, ohne es eigentlich zu merken ... also, bis auf die Füße, die konnte man nicht betrügen, die zählen mit, jeden Schritt, und merkten sich natürlich schon, was man ihnen so abverlangte.

Okay, Gerard spielte den Erstaunten: »Wie, Mila? Du schon machst schlapp?«

»Nein«, knurrte ich, »ich streike nur mal vorsorglich, falls Du wirklich auf diesen abartigen Gedanken kommen solltest, uns noch in einen Park zu schleifen.«

»Beruhige dich«, meinte er jedoch versöhnlich. »Habe ich nicht vor. Ist auch nur noch ein kleine Stück bis zu eure Glück!«

»Und dann? Wo sind wir dann? Ich dachte, du wolltest uns Haute Couture bieten, hier sehe ich nur 'ne Hundeauslaufstrecke und Pieselbäume.«

»Geh und warte es ab ... ist ja sonst kein Überraschung mehr.«

Hanna hakte sich bei mir unter und zog mich lachend mit.

»Was hat dir denn die Petersilie verhagelt?«, fragte sie. »Bist doch sonst nicht so knurrig.«

»Mir tun die Füße weh«, klagte ich. »Ich glaub, ich hab 'ne fette Blase am großen Zeh.«

»Autsch, das ist mies. Sollen wir in ein Café gehen, brauchst du ein Pflaster? Ich hab welche in der Tasche.«

»Echt?« Das fand ich ja nun sehr vorausschauend und da grade am Weg ein paar Bänke standen, ließ ich mich gleich drauf nieder und wir schritten zur Notfallhilfe.

Nun nickte auch Gerard verständnisvoll.

»Warum du das denn nicht sagst gleich, Mila? Du nicht bist die Erste, die sich gelaufen hat Blasen in Paris.«

Ich zog Chucks und Socken aus und Hanna pappte mir zwei total komfortable Blasenpflaster drauf. Danach war ich wie ausgewechselt, konnte wieder ohne Schmerzen gehen und spürte auch frischen Tatendurst in mir aufkeimen.

»Also, wo gehen wir hin?«, bedrängte ich Gerard darum.

»Wir schon sind da«, meinte er jedoch und zeigte auf eine linkerhand in die Champs-Élysées mündende Straße.

»Voilà, die Avenue Montaigne, das Nonplusultra der Modewelt!«

Und da waren sie nun tatsächlich alle, die gesuchten und vermissten Designer-Boutiquen: Chanel, Nina Ricci, Prada, Ungaro, Chloé, Valentino,

Max Mara, Jil Sander ... und ... und ... und ... Ein Laden nach dem anderen, links und rechts die Avenue runter und rauf. Hanna und ich fühlten uns wie Alice im Designer-Wunderland. Und die waren ja so was von très chic diese Shops, mit Glas und Spiegeln und genialster Beleuchtung ... und die Klamotten ... OMG!

Äh ... ja ... und die Preise ... OMGOG! Die waren ja nicht grade was für Otto Normalverbraucher ... aber ehrlich gesagt, waren das die Klamotten ja auch nicht ... und das war das eigentlich Tröstliche, denn wo hätten wir solche Sachen zu Hause tragen können? Nirgends. Also fiel es uns dann relativ leicht, Konsumverzicht zu üben.

»Aber anprobieren müssen wir was«, verlangte ich. »Ich würde es mir nie verzeihen, wenn ich vielleicht nie wieder herkomme und habe nicht wenigstens einmal ein Teil von Prada am Körper gehabt. Ich, ich muss das einfach mal spüren, äh, ja, wie das so ist ... ob das wirklich so ein erhabenes Gefühl ist, wie ich es mir vorstelle.«

Ich nahm zwar nicht an, dass Hanna mich wirklich verstand und Gerard vermutlich schon gar nicht, aber ich hatte mich getäuscht. Hanna, die kluge rationale Hanna, war genauso wild darauf, einen Designer-Fummel am Leib zu spüren wie ich, und Gerard schien dafür auch noch vollstes Verständnis zu haben. Der Junge war wirklich nicht mit Gold aufzuwiegen!

Voilà, dann rein ins Zauberreich der Couture.

Es war schließlich tatsächlich der Shop von Prada, auf den unsere Wahl fiel. Hm, war wohl keine so gute Idee, denn wohin man blickte: nur Schuhe und Taschen. Eigentlich wollte ich meine lädierten Füße nun nicht grade in exklusive Highheels stopfen ...

»Erste Etage«, sagte Hanna. »Die Mode ist oben ...«

Aha, dann also rauf.

Oh Mann, Kati wäre zerflossen vor Begeisterung, seit die gemodelt hatte, fuhr sie ja voll auf Couture ab. Gut, wir also auch und bald hatten wir uns, unter dem ironischen Blick von Gerard und dem leicht zweifelnden der Verkäuferinnen, ein paar Teile zusammengesucht. Jetzt fahndeten wir nach einer Umkleidemöglichkeit. Wow, sahen wir gut aus!

Ich hatte eine Kalbsnappa-Hose, ein rohseidenes Top und eine extrem zottelige Fellweste ausgesucht, Hanna ein edles Kleid für den Abend ... hahaha ... das würde ihr Gerard dann ganz sicherlich kaufen, und weiter unten in einem Schmuckladen von Dior bestimmt den Verlobungsring gleich dazu ... Aufwachen!

Na ja, man musste ja mal ein bisschen träumen dürfen.

Nun gut, jetzt bin ich wieder hier, in meinem hübschen Gästezimmer, sitze am Sekretär und stelle fest, dass man so etwas wirklich nicht braucht, es aber ultrageil an mir ausgesehen hat. Wir haben Fotos gemacht, was die Verkäuferinnen wohl etwas plebisch fanden, aber Kati wird darüber staunen und ich weiß, dass ich in ein paar Jahren wiederkommen werde, dann bin ich eine berühmte Schriftstellerin, kann mir kaufen, was ich möchte, und den Verkäuferinnen sogar noch ein ordentliches Trinkgeld geben. Bien sûr!

13. TAG

DONNERSTAG · jeudi

Sacré-Cœur heißt »das heilige Herz«. Gemeint ist das von Jesus. Die Kirche, die diesen Namen trägt, ist weiß und steht am höchsten Punkt von Paris, dem Butte Montmartre.
Früher war er ein Weinberg … auch heute baut man noch etwas Wein an, aber Gerard hat gesagt, es gibt jedes Jahr nur etwa 600 Liter, die man keltern kann. Die werden für wohltätige Zwecke versteigert. Äh, ja, das nur am Rande.
Heute war endlich der Montmartre dran, und weil besonders der Sonnenuntergang bei der Kirche Sacré-Cœur so romantisch sein soll, bestand unser verliebtes Pärchen darauf, dass wir erst am Nachmittag dorthin fuhren.
Das hieß, einmal lange ausschlafen und sich ausnahmsweise von Blanche, die heute mal keine Termine hatte, mit einem kleinen Lunch bekochen zu lassen. Leider teilte uns dann Philippe beim Essen mit, dass er am Nachmittag eine Veranstaltung an der Universität besuchen wollte, wo der Philosoph Sloterdijk einen

Vortrag hielt. Das war natürlich sein gutes Recht, aber es machte mich direkt ein wenig traurig. Da ich meine Gefühle mal wieder offen im Gesicht trug, sprach er mich nach dem Essen noch einmal darauf an.
»Mila, ich würde sehr gerne mit euch gehen, aber es ist wirklich sehr wichtig für mich, ihn persönlich zu hören … verstehst du?«
»Ja, natürlich, ist kein Problem …«, sagte ich tapfer, denn er sollte auf keinen Fall den Eindruck gewinnen, ich wollte ihn vereinnahmen. So was schlägt ja bekanntlich jeden Jungen in die Flucht.
»Am besten fahren Hanna und Gerard mal alleine.«
Aber das wehrte er sofort ab. »Nein, nein, Mila, das geht nicht, du musst unbedingt auch dorthin. Es ist wirklich wunderschön …«
»Aber ich störe die beiden nur. Sie brauchen auch mal etwas Zeit für sich an so einem romantischen Ort. Gerard hat gesagt, er will seine Gitarre mitnehmen …«
Philippe lachte und machte einen Vorschlag. »Weißt du was? Ich gehe erst zu meinem Vortrag und versuche, noch ein bisschen mit Sloterdijk zu diskutieren … Wenn das getan ist, schicke ich dir eine SMS und du kannst dich fertig machen für Sacré-Cœur. Ich hole dich ab, und wir fahren zusammen dorthin. Einverstanden?«
Natürlich war ich einverstanden! Das war ein ganz genialer Vorschlag, denn ich konnte dann wirklich mal in Ruhe mein Tagebuch vervollständigen und würde doch noch zu dem romantischen Sonnenuntergang kommen. So war das gebongt.

Etwas hatte ich aber noch auf dem Herzen, und bevor Hanna mit Gerard aufbrach, gestand ich ihr, dass ich, wenn ich schon in der Gegend war, wahnsinnig gerne wenigstens noch einen kurzen Abstecher zu dem alten Friedhof, dem Cimetière de Montmartre, machen würde. Ich hatte nämlich gelesen, dass dort einige sehr bekannte Persönlichkeiten ihre letzte Ruhestätte gefunden hatten. Was ich aber eigentlich suchen wollte, war das Grab des Dichters Heinrich Heine, für den ich seit meiner unerfüllten Liebe zu unserem damaligen Referendar Pit Winter eine tiefe Bewunderung empfand. Hier in Paris hatte er seine letzten Lebensjahre verbracht, abgeschieden von der Welt in seiner verhassten »Matratzengruft«, in der er schließlich auch verstarb.

»Ist doch okay«, kam Hanna mir sofort entgegen. »Ich finde das auch interessant. Ich sage es Gerard und wir treffen uns dann dort mit euch. Schick einfach eine SMS, wenn ihr losfahrt. Super, dass Philippe doch noch mitkommt.«

Beim heiligen Herzen von Paris

Und so machten wir es dann auch.

Philippe schien der Vortrag richtig Auftrieb gegeben zu haben. Jedenfalls schwärmte er während der ganzen Fahrt mit der Met davon.

»Wirklich, Mila, ich bin so froh, dass ich dort war und auch, dass du dafür Verständnis hattest.«

»Aber Philippe, das ist doch selbstverständlich«, wehrte ich seinen überschwänglichen Dank ab.

»Du bist mir gar nichts schuldig. Ich bin doch nicht dein Gast, sondern nur ein Anhängsel von Hanna ...«

Er saß mir in der Met gegenüber und sah mich einen Moment sehr intensiv und fragend an. »Du bist kein Anhängsel von niemandem«, sagte er sanft. »Du bist eine großartige Bereicherung meiner Semesterferien, die sonst sehr viel langweiliger wären.«

Das machte mich mal wieder total verlegen und so wich ich aus. »Aber du hast doch Sloterdijk ...«

Er lachte. »Ja, aber das kann man nicht vergleichen ... ihr seid beide sehr anregend ...«

Hanna und Gerard warteten schon am Friedhofstor, als wir schnaufend dort ankamen. Ich hatte es mir leichter vorgestellt, Heines Grab zu finden, aber der Friedhof war doch größer, als ich gedacht hatte und recht unübersichtlich. Schließlich verloren Hanna und Gerard die Geduld. »Können wir uns dann mal langsam wieder den Lebenden zuwenden«, fragte Hanna leicht zynisch. »Oder leidest du neuerdings an Nekrophilie?«

Offenbar hatte sie Sorge, den spektakulären Sonnenuntergang auf den Stufen von Sacré-Cœur zu verpassen. Das wollte ich ja auch nicht, dennoch reagierte ich etwas pampig. »Meine Güte, nur weil ich mal einen historisch interessanten Friedhof besichtigen will, bin ich ja noch kein Leichenfledderer. Ich suche halt was Bestimmtes.«

»Aha, und darf man wissen, was?«, fragte Philippe. »Vielleicht könnte ich dir ja bei deiner Suche helfen.«

Das würde er wohl müssen, wenn wir heute noch von diesem Friedhof wieder runterkommen wollten. Aber ohne das Grab meines verehrten Dichters besucht zu haben, würden sie mich hier nicht mit zehn Rössern fortschleifen können. Sonnenuntergang hin, Sonnenuntergang her. Also gestand ich nun Philippe, welche Leidenschaft mich hierher an diesen düsteren Ort zwang, der eigentlich gar nicht so düster war, sondern recht gut gepflegt und mit seinen vielen beeindruckenden Grabmalen eher romantisch auf mich wirkte. Genauso wie ich mir die Umgebung für Heines Grab vorgestellt hatte. Okay.

»Also, ich bin eigentlich auf der Suche nach dem Grab von Heinrich Heine.« Und erklärend fügte ich hinzu: »Ein deutscher Dichter, der hier in Paris gestorben ist – hat Gedichte über die Normandie geschrieben ... und politische Gedichte später auch ...«

Philippe lachte. »Ah, Monsieur Heine!« Er verhauchte diesmal ganz offensichtlich gewollt das ›H‹, wie es Franzosen gerne tun. »Natürlich, fast schon ein Franzose ... komm, ich führe dich hin.«

Er ergriff ganz spontan meine Hand und zog mich mit sich. Ich sah mich nach Hanna und Gerard um, die keine Anstalten machten, uns im gleichen Tempo zu folgen.

»Wollen wir nicht auf Hanna und Gerard warten ... nicht, dass wir uns verlieren ...«

Philippe lachte. »No, no. Kein Problem. Gerard weiß, wo er uns suchen muss. Komm. Die beiden haben andere Interessen, lass ihnen doch die Zeit zu zweit. Wir schauen nach deinem verehrten Dichter, den auch ich verehre.« Er lächelte.

Ich war verblüfft. »Nein, wirklich?«

»Ja, wirklich.«

Ich rannte keuchend hinter Philippe her, der mit großen Schritten vorauseilte. Plötzlich blieb er abrupt stehen und deutete mit dem ausgestreckten Arm nach links.

»Voilà! Bitte sehrrrr! Die Ruhestätte des Dichterfürsten!«

Hm, das hatte ich mir imposanter vorgestellt. Vor mir stand ein halbhoch aufragender, recht schlichter Sockel, auf dem eine Porträt-Büste des Dichters thronte. Weiß auch nicht, was genau ich erwartet hatte ... irgendwie mehr Pomp. Nachdem ich überall in dieser Stadt auf Relikte überbordender Heldenverehrung gestoßen war, fand ich diese Inszenierung für meinen angebeteten Poeten etwas mager, um nicht zu sagen enttäuschend.

Philippe merkte, dass ich frustriert war, und ahnte auch sofort den Grund.

»Zu klein für das Maß deiner Verehrung?«, fragte er, so als hätte er mir bis ins Herz geschaut.

Ich nickte. »Ja ... äh ... irgendwie schon.«

Er lächelte verständnisvoll. »Ach, sei doch deswegen nicht traurig. Das Denkmal, das du ihm in deinem Herzen gebaut hast, das allein ist es, was zählt. Was ist dagegen eine Säule, ein Grabstein … selbst Napoleons Mausoleum schrumpft dagegen zu einer winzigen Bedeutungslosigkeit.«

Er nahm meine Hand und zog mich vor ein wirklich imposantes Grab mit einer Engelsfigur im Jugendstil. »Hier liegen so viele vergessene Künstler, in pompösen Gräbern, für die niemand extra die vielen Stufen hierheraufläuft, so wie du es für deinen Heinrich Heine getan hast. Verstehst du? Wichtig ist, was bleibt, aber nicht als Grabstein oder Gedenkstätte, sondern in den Köpfen und Herzen der Menschen.«

Wir gingen noch einmal Hand in Hand zu Heines Grab. Da ließ mich Philippe los und schlenderte zu einer etwas abseits stehenden Bank, wo er sich setzte. Das fand ich sehr sensibel von ihm, mich einen Moment alleine zu lassen mit »meinem« Dichter.

Ich stand versunken, den Blick auf das Antlitz der Büste gerichtet, als ich merkte, dass Philippe neben mich getreten war.

Ich hatte gerade an ein Gedicht von Heine gedacht und so war ich sehr überrascht, als er mit leiser Stimme sagte:

»Das ist das Los. Das Menschenlos, was gut und groß und schön, das nimmt ein schlechtes Ende.«

»Du kennst das Gedicht auch?« Das war ja wohl Gedankenübertragung!

»Natürlich, es wirft eine der wichtigsten Fragen der Philosophie auf.«

»Ja?«, fragte ich etwas naiv. »Welche?«

»Nun, ob das Tun und Streben des Menschen nach Großem und Höherem wirklich Sinn macht oder ob es nicht vergeblich ist, weil doch immer das Schlechte, der Tod am Ende siegt.«

»Aber Heine war kein Pessimist«, warf ich ein. »Er hat in diesem Gedicht endlich auch seiner Lebensgefährtin Maria seine Liebe gestanden.«

Ich sah Philippe herausfordernd an. »Wer liebt, kann kein Pessimist sein.«

Philippe lächelte. »Besser hätte es euer Precht auch nicht sagen können. Liebe ist ein Gefühl, dass Unordnung schafft, ganz gewiss, aber es trägt auch die Hoffnung in sich und eine ganz bestimmte Art von Sicherheit. Das Bewusstsein nämlich, dass man so tief schon nicht fallen wird, weil da immer jemand ist, der einen auffängt, der einen mit Fäden an das Leben bindet. Deswegen hat Heinrich Heine auch trotz seiner tiefen Verzweiflung am Leben keinen Selbstmord begangen.«

»Du meinst ...«

»Ja, er hat es sich in diesem Gedicht selbst eingestanden – wegen einer Frau hat er es nicht getan. Einer Frau, die er jahrelang liebte.«

Ich sah ihn bewundernd an, sein schönes ebenmäßiges Gesicht mit den ernsten dunklen Augen, die etwas zu langen Haare ... ganz der Philosoph, wie er im Buche stand ...

So wie er hatte noch nie jemand mit mir über Heine gesprochen. Ich kenne viele Gedichte von ihm auswendig, auch dieses, aber ich habe es, glaube ich, erst jetzt richtig verstanden. Philippe war wirklich ein Phänomen.

Er lächelte und weil grade Hanna und Gerard Arm in Arm aus einem Seitenweg auftauchten, sagte er mit gesenkter Stimme: »Du bist ein erstaunliches Mädchen, Mila.«

Dann rief er mit leisem Lachen zu den Ankömmlingen herüber: »Voilà, ihr kommt gerade recht. Wir haben dem toten Dichter gehuldigt und können uns nun wieder dem Leben zuwenden!«

Und das taten wir dann auch – und zwar richtig!

Wir wanderten nun hinüber zur Sacré-Cœur, wo sich auf den Stufen schon viele Romantiker versammelt hatten, den Blick nach Westen gerichtet. Die Sonne begann bereits, das diffuse Blau der Blue hour sanft mit roten und orangefarbenen Tönen zu vermischen und schließlich ganz zu überlagern, bis der gesamte Himmel gelborange leuchtete.

Die Kirche war beeindruckend, aber ganz anders als Notre-Dame. Sie war ja auch erst zwischen 1912 und 1922 erbaut worden, ganz im damals vorherrschenden Jugendstil, mit Anklängen an eine byzantinische Basilika. Sie war schon deshalb viel verspielter mit ihren Kuppeln und Türmchen. Dadurch, dass sie so erstaunlich weiß war, wirkte sie rein und leicht auf mich, und da auch der Jugendstil eine gewisse Klarheit der Gestaltung aufwies, fand ich sie auf ihre Art ebenfalls sehr schön. Besonders auch die schlichte Skulptur des segnenden Christus in einer Nische über dem Hauptportal.

Die Kuppel erstieg ich diesmal alleine mit Philippe, denn Hanna streikte und suchte sich lieber schon mit Gerard ein Plätzchen auf den Stufen, von wo aus sie später den Sonnenuntergang genießen konnten.

»Geht nur«, sagte sie lachend. »Wir halten euch einen Logenplatz frei.«

Eine Wendeltreppe führte zu einer Galerie in der eiförmigen Kuppel, um die man herumgehen konnte, wobei man einen faszinierenden Ausblick über die Metropole hatte.

»Das hier ist nach dem Eiffelturm der zweithöchste Aussichtspunkt von Paris«, erklärte Philippe und verhauchte die Endung von Paris, was irgendwie süß klang. So samtig weich …

Mila!!!, rief ich mich aber gleich zur Ordnung und ich richtete meinen Blick pflichtbewusst auf die Stadt. Wirklich toll, wie da alles golden im Abendlicht schimmerte.

»Du weißt, dass diese Kirche zum Gedenken an die gefallenen Soldaten im Krieg von 1870/71 gebaut wurde?«, fragte Philippe. Ich nickte. Ja, das hatte ich im Stadtführer gelesen. Es war ein deutsch-französischer Krieg, den Frankreich gegen Preußen geführt und verloren hat. Es soll 58.000 Gefallene alleine auf französischer Seite gegeben haben.

Philippe nickte. »Hier wird zur Erinnerung 24 Stunden am Tag die Messe für ihre Seelen gelesen.«

»Tatsächlich?«, fragte ich erstaunt. »Immer noch, nach so langer Zeit?«

»Ja, immer noch … so wie auch die ewige Flamme im Zentrum des Arc de Triomphe immer an die gefallenen Soldaten des Ersten Weltkriegs mahnt. Es ist gut, dass der Mensch diese Gräuel nicht vergisst. Vielleicht hilft es doch ein bisschen, Kriege in Zukunft zu verhindern.«

Ich stimmte zu. »Doch, das tut es bestimmt. Ich glaube, dass zumindest wir in Europa daraus gelernt haben. Von unseren Ländern wird nie wieder ein Krieg ausgehen.«

Philippe lächelte. »Das glaube ich auch, Mila.«

Wir besuchten dann noch das Innere der Kirche und ich war beeindruckt von dem Christusmosaik, das im byzantinischen Stil, farbig und goldglänzend, die ganze mächtige zentrale Kuppel ausfüllte. Der segnende Christus im Strahlenkranz war einfach nur schön und weckte sogleich in mir die Sehnsucht, hinauszugehen und nun auch mit Hanna und Gerard das Strahlen des Sonnenuntergangs zu erleben.

Wir hatten so ein Glück. Die Sonne ging wirklich ganz prächtig unter und nicht nur Gerard, sondern auch andere Jugendliche spielten dazu Gitarre und sangen ... wobei Hannas schöne Stimme natürlich herauszuhören war. Blöd fand ich dann allerdings, dass alle anfingen zu klatschen, als die Sonne ganz versunken war. Wie bescheuert, als wenn es sich um eine Theateraufführung gehandelt hätte. Als Philippe meinen Ärger bemerkte, legte er ganz spontan seinen Arm um mich.

»Du musst das positiv sehen, Mila. Diese Menschen kennen keine andere Möglichkeit, dem großen Regisseur der Welt für diese göttliche Inszenierung zu danken. Sie meinen es im Rahmen ihrer Möglichkciten nur gut.«

Na, wenn er es sagte. Er war schließlich der Philosoph und für die höheren Einsichten zuständig.

Pigalle, Pigalle – die große Mausefalle von Paris?!

Es wurde nun dunkel und etwas kühler auf dem Hügel, sodass Gerard vorschlug, langsam hinunter zum Place Pigalle zu gehen und in einem der afrikanischen Restaurants in den Nebenstraßen des Boulevard de Clichy zu Abend zu essen. Wir stiegen also den Hügel wieder herab, kreuzten den Place du Tertre, den früheren Dorfplatz von Montmartre, der aber jetzt gesäumt war von teuren, touristischen Restaurants. Außerdem hatten dort überall die mehr oder weniger begabten Porträtmaler, die den Touristen einen schnellen Euro aus der Tasche ziehen wollten, ihre Staffeleien aufgestellt.

»Un portrait, s'il vous plaît, von den jungen Mademoiselles ...« So wurden wir immer wieder angesprochen, und es war echt schwer, sie abzuwimmeln.

»Wie ich habe gesagt«, meinte Gerard. »Wirkliche Künstler findet man hier nicht mehr.«

Dennoch sah der Platz im Schimmer der alten Laternen recht hübsch aus, und da wir ja nicht wussten, wie die Gegend früher einmal war, wirkte er auf Hanna und mich sogar ganz romantisch. Ich machte natürlich sofort ein paar Fotos von dem lebhaften Treiben.

Später gingen wir dann durch sehr verwinkelte Altstadtgassen abseits der üblichen Touristenroute, die zum Teil ziemlich heruntergekommen aussahen. Ohne männliche Begleitung würde ich keinem Mädchen empfehlen, sich hierher zu verlaufen.

Offensichtlich wurde fast überall das Abendessen gekocht, denn das ganze Viertel roch nach exotischen Gewürzen.

»Der Norden von Paris ist fest in arabischer und vor allem afrikanischer Hand«, sagte Gerard. »Hier haben sich die allerersten Zuwanderer niedergelassen, aus den französischen Kolonien und aus Algerien, als dort der Bürgerkrieg tobte.«

Er wurde sehr ernst. »Es ist ein paralleler Kosmos, der hier entstanden ist ... die Touristen genießen das exotische Flair, aber es ist eine nicht ganz ungefährliche Welt, denn sie ist durch Armut und Gewalt geprägt.«

Gerard nickte und meinte ebenfalls nachdenklich: »Als Frau man sollte sich hier nicht aufhalten alleine, und auch wir sind sehr vorsichtig und überlegen genau, wo es ist sicher.«

»Ist es so schlimm?«, fragte ich verstört.

»Ja, wenn man vor der Kriminalstatistik nicht die Augen verschließt, ist dies hier ein … ein … sozialer Brennpunkt, wie es in Deutschland heißt.«

Philippe ergriff meinen Arm. »Kommt, das ist ein gesellschaftspolitisches Problem in allen Metropolen … das können wir nicht dadurch lösen, dass wir uns jetzt schlechte Laune machen. Leisten wir lieber einen Beitrag zur Integration und genießen die moslemische Gastfreundschaft.«

Das war ein guter Vorschlag, und da die Jungs genau wussten, wo man gut und sicher essen konnte, ließen wir uns von ihnen bereitwillig in ein algerisches Restaurant schleppen. Dort aßen wir das geilste afrikanische Menü, das ich je gegessen habe – also … eigentlich hab ich ja so gut wie gar nicht vorher afrikanisch gegessen, außer mal Falaffel auf die Hand.

Die Deko war genial, wie bei den Beduinen. Eine unvergleichliche Stimmung, wie in einer Zeltstadt in der Wüste … sensationell … und das Essen und die Musik – alles war einfach traumhaft. Wie aus Tausendundeiner Nacht!

Wir haben es total genossen und die Bedienung, alles großgewachsene, dunkelhäutige Männer, war auch total nett, selten hatten wir so viel Spaß gehabt.

Anschließend bummelten wir dann noch den Boulevard de Clichy ein Stückchen hinauf, bis zum berühmten Moulin Rouge, das wir ja unbedingt noch mitnehmen mussten und das schon von Weitem durch die illuminierte rote Mühle über seinem Eingang zu erkennen war. Wir schauten uns die Fotos von den Revuegirls an, die in den Schaukästen hingen, aber weder Hanna noch ich verspürten angesichts der Eintrittspreise den Drang hineinzugehen. Hanna war jedoch sofort total angetörnt und fing kichernd an zu singen: »Voulez-vous coucher avec moi, ce soir … oh … oh … yeah … yeah …«

Ich merkte, wie ich bei Philippes anzüglichem Grinsen rot wurde. Aber Hannas frivoler Gesang schien ihn dazu anzustacheln, mich ein wenig zu necken.

»Na, Mila, keine Lust auf *Cancan* oder ein bisschen gitchi gitchi ya ya avec moi?«, fragte Philippe scherzend.

»Von dem gitchi gitchi mal abgesehen…«, machte ich den Spaß mit, »gegen Tanzen an sich hätte ich nichts, aber anstatt nur auf die Beine anderer zu schauen, würde ich lieber selber abhotten.«

Philippe griff meine Anregung auf und machte den Vorschlag, doch in eines der Traditionslokale zu gehen, wo noch Musette-Walzer gespielt wurde und man im Galopp durch den Saal heizen konnte.

Hanna und Gerard waren sofort dabei. Mit der Gitarre auf dem Rücken sah er ohnehin aus wie ein Straßenmusiker, der ein Engagement für den Abend suchte.

Hey sister, go sister, soul sister … flow sister …

Das Lokal, zu dem die Jungs uns führten, lag wirklich sehr versteckt und abseits der Touristenroute, war aber dennoch gerammelt voll. Es roch ein wenig streng nach diversen menschlichen Ausdünstungen, aber die Akkordeonmusik war total mitreißend. Gerard stellte seine Gitarre zum Wirt hinter den Tresen, damit sie ihm niemand klaute, und dann warfen wir uns ins Getümmel. Ich habe noch nie in meinem Leben so geschwitzt, aber ich bin auch noch nie derart verrückt mit einem Jungen über eine Tanzfläche gehopst. Es war merveilleux! Unglaublich, nicht zu toppen! Und als wir schließlich, weil die Musiker eine kleine Pause machten, total groggy auf die wackligen Stühle sanken, brachte mich nur eine große Flasche Wasser wieder auf die Beine. Und weiter ging's zum nächsten Schweinsgalopp!

Keinen Schimmer, wie wir schließlich nach Hause gekommen sind. Doch … mit einem Taxi …
Sonst weiß ich nichts mehr … nur noch eins … es war der geilste Abend überhaupt.
Wie auch immer:

Paris – mon amour! Ich liebe dich!
Lass uns zusammen schlafen gehen! Bonne Nuit – oh ich vergaß – du schläfst ja nie, du wunderschöne, gewaltige, bezaubernde, einzigartige Stadt!

14. TAG

FREITAG · vendredi

Wo konnten wir unseren Abschiedsabend besser feiern als unter anderen jungen Leuten an der Bastille?! Klar, dass Hanna und ich diesen Vorschlag von Gerard sofort aufgriffen. Wir waren uns sicher, dass das ein heißer Abend werden würde und sicher trafen wir auch wieder wie beim letzten Mal ein paar Freunde von Gerard und Philippe. Und auch klar, wir würden uns ultimativ aufbrezeln!
Erst mal aber hatten wir Zeit für uns. Auch ganz schön!

Weil am Vormittag sowohl Gerard als auch Philippe anderweitig beschäftigt waren, ging ich mit Hanna noch ein bisschen ans Seineufer zu den Bouquinistes, um ein paar alte Postkarten von Paris zu kaufen, die ich als Souvenirs mitnehmen wollte. Außerdem musste ich auch für Markus noch etwas Typisches und gleichzeitig Persönliches suchen.

Ich fand schließlich die gesuchten Postkarten und auch noch eine alte Ausgabe von Heines Gedichten auf Französisch. Ich kaufte das Buch, obwohl es eigentlich für mein Budget etwas zu teuer war. Als der Buchhändler merkte, wie schwer es mir fiel, kam er mir spontan ein paar Euro entgegen. Das fand ich total nett und ich bedankte mich mehrfach. Hanna meinte zwar, dass er vorher sowieso schon was draufgeschlagen hätte, weil normalerweise alle Kunden hier handeln würden. Ich wäre ein Idiot gewesen, wenn ich wirklich den vollen Preis gezahlt hätte. Na ja, hatte ich dann ja auch nicht getan. Kein Grund, sich jetzt noch nachträglich darüber aufzuregen.

»Du bist ganz schon nervös, Hanna«, sagte ich.

»Ja, ich weiß«, war sie einsichtig. »Tut mir auch echt leid.«

»Aber warum?«

»Na ja, ich wüsste schon gerne, wie ich auf die Eltern von Gerard gewirkt habe. Meinst du ... sie ... sie akzeptieren mich als seine Freundin?«

Meine Güte, hatte das Mädchen Probleme.

»Ja, natürlich! Warum sollten sie auch nicht. Läuft doch alles bestens, und glaubst du wirklich, sie würden uns so oft zu gemeinsamen Aktivitäten einladen, wenn sie sich deiner schämen würden?«

Hanna grinste erleichtert und sah mich dann spekulativ an. »Und Philippe? Du bist sicher, dass da nichts zwischen euch läuft?« Ich schüttelte ganz heftig den Kopf. Dieses Thema jetzt bitte nicht! Der Abschied von Philippe lag mir eh schwer auf der Seele.

»Nein, nichts, was sollte denn auch zwischen uns laufen? Ich bin schließlich mit Markus zusammen ...«

Das erinnerte mich wieder daran, dass ich dringend noch ein Geschenk für ihn brauchte. So schauten wir noch an ein paar anderen Bücherständen vorbei, und immer mal wieder warf ich einen Blick zu Notre-Dame hinüber.

Schließlich fand ich einen kolorierten Stich von einem Pferderennen im Bois de Vincennes. Toll! Der würde Markus bestimmt gefallen und er konnte sich das Bild in sein Zimmer hängen. Pferde waren immer gut und Paris war es auch. Also das perfekte Mitbringsel, typisch und persönlich.

Wir schlenderten hinüber zum Boulevard Saint-Germain, der ja parallel zur Seine durch das Viertel verlief. Im Café Les Flores aßen wir einen kleinen Salat, der für seinen Preis allerdings etwas mickrig ausfiel, dann gingen wir zurück, um uns noch etwas auszuruhen und danach für den Abend zu stylen. Das musste diesmal wirklich ultimativ fetzig werden.

Wir duschten nacheinander und Hanna föhnte mir die Haare. Gemeinsam suchten wir dann die passenden Klamotten aus. Wie toll, dass wir so coole Tops bei Au Printemps gekauft hatten. Die mussten jetzt unbedingt ausgeführt werden. Für die Discos an der Bastille waren die genau richtig.

Jetzt sitze ich mal wieder vor meinem Tagebuch und möchte so gerne ein paar Gedanken hineinschreiben, die ich mit niemandem sonst teilen kann, aber ich weiß gar nicht, wie ich anfangen soll ... und ja ... ich habe Angst davor, sie schwarz auf weiß zu fixieren ... Nein, ich glaube, ich lasse es doch ... es gibt Dinge, die kann man nicht aufschreiben, weil man sie auch niemals aussprechen würde ... und das ist auch gut so ... Warum unnötig die Pferde scheu machen ... ähm ... ja, das war jetzt nicht als Anspielung beabsichtigt, aber es passt schon.

Bastille, Discos und Revolution im Wasserglas

Am Abend fuhren wir also vom Boul' Mich' mit der Met bis Bastille und wollten grade den Boulevard Beaumarchais entlangbummeln, an dem links und rechts Geschäfte, Restaurants und im oberen Teil einige der trendigsten Discos, Klubs und Bars von Paris gelegen waren. Da fiel mein Blick auf die Werbung für einen Klub, der praktischerweise gleich hinter der Metrostation in einer Seitenstraße lag. Super!

»Oh, lasst uns ins Barrio Latino gehen«, schlug ich enthusiastisch vor. »Die haben Tapas und Salsa-Musik ... das ist so toll ... ich habe das auf Mallorca so genossen!!«

Und weil ich mich auch mal revanchieren wollte für all das, was Gerard und Philippe während dieser zwei Wochen für uns getan hatten, sagte ich spontan: »Ich lade euch zum Tapasessen ein, so als kleines Dankeschön, weil ihr so großartige und geduldige Stadtführer wart.«

Gerard lachte und Philippe meinte locker und ohne falsche Bescheidenheit: »Da sage ich nicht Nein, verdient haben wir es uns ja wirklich …« Und augenzwinkernd fügte er hinzu: »Aber nur, wenn Mila dann noch ihr Rückflugticket bezahlen kann.«

Und obwohl das ja längst bezahlt war, sagte ich neckend: »Aha, du willst mich also unbedingt loswerden?« Ohne weitere Einwände gelten zu lassen, schubste ich ihn in die Schlange der Wartenden.

Meine Eingebung war super und die halbe Stunde Wartezeit hat sich gelohnt, der Schuppen war nämlich wirklich klasse. Das Barrio war riesengroß, sehr rot, sehr golden, mit einer von Säulen umstandenen prächtigen Showtreppe und bot auf drei Ebenen tolle Musik und Tapas. Wir snackten hingebungsvoll an der Bar und tanzten dann zu Latino-Mucke kräftig ab. Natürlich liefen auch hier in regelmäßigen Abständen die unvermeidlichen Charthits »Vuvuzela« und »Salsa Latine Tropicale«, welche mit schöner Zuverlässigkeit die Tanzenden in Wallungen und massenhysterische Verzückung versetzten. Kurz vorm Überkochen haute der DJ dann meistens die »Les Prêtres« raus, einen Song von ein paar Padres, die es damit wirklich in die Charts geschafft haben. Erst begriff ich überhaupt nicht, was das sollte, aber dann raffte ich schließlich doch, dass das Lied quasi Kult war.

»Kommt immer mal wieder bei uns vor«, brüllte

mir Philippe ins Ohr. »Wir haben halt einen total musikalischen Klerus! Singende Nonnen, Mönche, Priester ... alles im Angebot!«

Irgendwann beschlossen wir, mal die Location zu wechseln und uns den Boulevard Beaumarchais zu anderen trendigen Discos des Viertels hinaufzuarbeiten. Wenn wir schon mal hier waren! Zu Hause mussten wir Kati garantiert alles haarklein erzählen.

Zuerst nahmen wir einen Cocktail im ZeroZero.

»Da müsst ihr einfach mal rein«, meinte Gerard und auch die lange Schlange hielt ihn nicht davon ab. »Das ist einfach groovy!«

Nun ja, ich würde sagen, in der Tat unterirdisch, aber wenn man auf Höhlenambiente stand. Der Cocktail schmeckte zwar auch ohne Alkohol wirklich spitze, aber ich war dennoch froh, als wir aus der schlechten Luft und dem Gedränge dieses Schuppens endlich wieder rauskamen. Billig war es da auch nicht grade.

Weil das Pop in gleich nebenan lag, schauten wir auch da noch mal vorbei. Wie beim letzten Mal waren die Leute dort alle echt cool und lässig schick, das Personal freundlich und die DJs legten hippe Musik auf. Unvermeidlich hier Jean-Roch mit »My love is over«.

Gerard und Hanna schien das schließlich regelrecht an die Nieren zu gehen, sie klammerten sich jedenfalls derart aneinander, dass man denken konnte, sie würden sich gleich gegenseitig verschlingen, um sich nur ja nie wieder trennen zu müssen. Dabei flog doch Gerard mit uns nach Deutschland, schließlich ging sein Studium in Potsdam weiter. Was sollte ich denn da sagen? Mein Abschied von Philippe würde ein Abschied für immer sein. Da ich mit Gerards Familie ja im Prinzip nichts zu tun hatte, würde ich ihn garantiert nie wiedersehen. Der Gedanke stimmte mich melancholisch und natürlich bemerkte Philippe meinen Stimmungsumschwung sofort.

»Was ist dir über deine Leber gekrochen?«, fragte er und es klang, als sei er zum ersten Mal, seit ich ihn kennengelernt hatte, verunsichert. Das war ich auch, aber nicht erst seit heute.

»Nichts, keine Laus und auch sonst nichts«, versuchte ich darum, seinen Frontalangriff auf mein instabiles Seelenleben gleich abzuwehren und unkomplizierten Frohsinn zu verbreiten. Aber er ließ sich nicht täuschen.

»Du bist melancholisch ... ist es, weil du zurück nach Deutschland gehst?«

Was sollte es wohl sonst sein?

»Nein«, sagte ich und versuchte zu lachen. »Ich freue mich, wieder nach Deutschland zu kommen.« Dass dort mein Freund auf mich wartete, musste ich ihm ja nicht gleich auf die Nase binden.

»Gut, aber du bist trotzdem traurig. Warum?«

Musste er nun auch noch mit dem Finger in der

Wunde herumwühlen? Er wusste doch garantiert ganz genau, was mich bedrückte.

Ich wollte mich nicht aus der Reserve locken lassen, aber dann sagte ich es doch: »Ja, ich bin traurig, aber nicht, weil ich nach Hause fliege, sondern weil ich dafür hier etwas zurücklassen muss.«

Nun lächelte er. »So sehr hast du dich in Paris verliebt?«

Und in dich, dachte ich, sagte es aber nicht.

Warum jetzt noch die Dinge kompliziert machen, wo in zwei Tagen doch ohnehin alles vorbei war.

Er nahm meine Hand und zog mich auf die Tanzfläche.

»Komm, Chérie, tanz ein bisschen, tanz die Schwermut weg ... du kommst einfach wieder her, wenn es dich danach verlangt. Ein Gästezimmer in unserem Haus wird für dich immer bereit sein, meine kleine süße, deutsche Amie.«

Er zog mich beim Tanzen sehr dicht an sich und ich fand, dass er ausgesprochen gut roch. Ich schloss die Augen, um seinen Duft ohne jede Störung durch einen anderen Sinneseindruck abzuspeichern. Wenigstens den wollte ich mit nach Deutschland nehmen, wenn ich Philippe schon nicht mitnehmen konnte.

Als ich mich gerade ganz fallen lassen wollte, ertönte plötzlich direkt neben meinem Ohr eine unangenehm schrille Stimme, die hastiges Französisch über uns ausgoss: »Philippe, mon Chérie, endlich treffe ich dich hier mal. Wo hast du alter Schwerenöter die ganze Zeit gesteckt? Wir haben dich alle so vermisst ... dich und deine philosophischen Exkurse ...« Ich riss die Augen auf und starrte eine hyper aufgebrezelte Tussi an, neben der mit großen Rehaugen glotzend Émilie stand. »Wann hörst du denn endlich auf, Babysitter für deutsche Schulmädchen zu spielen?«

Oha, wenn das keine Kriegserklärung war. So ähnlich hatte 1870/71 der Deutsch-Französische Krieg garantiert auch angefangen. Ich wollte mich von Philippe losmachen, aber er hielt mich fest umarmt.

»Ah, Charlene«, sagte er mit gedämpfter Begeisterung, »hast du deine Nachprüfungen für die vergeigten Klausuren schon geschafft? Ich dachte, du würdest die ganzen Semesterferien pauken.«

Charlene fiel der Unterkiefer runter, oder so ähnlich, jedenfalls bekam sie plötzlich einen ziemlich dümmlichen Gesichtsausdruck. Nach dem, was Philippe gerade gesagt hatte, aber offenbar nur ein Zeichen ihrer mangelnden Intelligenz.

»Dein Bruder hat kein Benehmen mehr«, sagte sie pikiert zu Émilie. »Ist das schon der Einfluss aus Deutschland? Die Mädels dort sollen doch alles Bauerntrampel sein.«

Émilie schien die Situation nun sichtlich Unbehagen zu bereiten. Zwar konnte ich mir vorstellen, dass sie uns mit dieser seltsamen Tussi extra hier aufgelauert hatte, aber diese krasse Wendung hatte sie wohl nicht gewollt. Jedenfalls schaltete sie sich jetzt ein und versuchte, schüchtern zu vermitteln.

»Darüber könnt ihr sprechen, wenn Mila und Hanna wieder abgereist sind, es ... es bringt doch jetzt nichts, sie sind doch nur noch zwei Tage hier.«

»Zwei Tage zu viel!«, trötete Charlene und Émilie, dieses elfenhafte Wesen, zuckte sichtlich zusammen. Was hatte sie nur geritten, uns ausgerechnet mit dieser Tussi nachzustellen?

Nun sah sich Philippe bemüßigt, den negativen Eindruck, den Charlene machte, etwas zu neutralisieren. Er zog mich einfach weg und sagte, sichtlich um Contenance bemüht: »Hör einfach nicht hin. Charlene ist in zwei Kursen mit mir zusammen gewesen und weil ich ihr ein wenig geholfen habe, verfolgt sie mich mit ihrer Dankbarkeit.«

»Dankbarkeit?«, wiederholte ich einigermaßen perplex. »Ich hatte den Eindruck, die Frau erhebt Rechtsansprüche auf dich.« Ich freute mich selber, weil ich ein so treffendes Bild gewählt hatte. Das musste ihn als Sohn eines Juristen doch beeindrucken.

Tat es wohl auch. Denn er sagte in sehr striktem Tonfall: »Dazu hat sie nicht das geringste Mandat.«

Und als ich grinste, weil er mir ganz automatisch in der Juristensprache geantwortet hatte, konnte er ein Lachen nicht mehr zurückhalten und sagte frappierend ehrlich: »Sie ist eine dumme, aufdringliche Person, die nichts im Gehirn hat. Sie verfolgt mich, seit ich an der Uni bin.«

Er schwieg einen Moment und sagte dann leise: »Und seit sie weiß, dass ich wieder solo bin, ganz besonders beharrlich.«

Mein Herz begann plötzlich so laut zu schlagen, dass es bestimmt jeder im Saal hören konnte. Na ja, vielleicht glaubten die Leute, es sei ein vom DJ unterlegter Beat.

Ich schielte verstohlen in Philippes Gesicht. Nein, er schien auch nichts davon mitzubekommen. Gott sei Dank, das wäre mir jetzt echt peinlich gewesen. Dass er Single war, wusste ich doch längst ... allerdings, dass er es mir gegenüber nun zum ersten Mal explizit erwähnte, machte mich schon etwas verlegen ...

Na ja, was machte mich heute eigentlich nicht verlegen ... es war voll der verlegene Abend ... Am besten gar nicht drauf eingehen ... ignorieren, Mila!!

»Ich habe irgendwie Hunger«, sagte ich also ablenkend. »Wollen wir nicht Hanna und Gerard mal fragen, ob sie Lust haben, mit uns irgendwo eine Kleinigkeit zu essen?«

Philippe griff dankbar nach diesem Strohhalm, um sich aus der unangenehmen Affäre zu ziehen.

»Das ist eine fabelhafte Idee, ich weiß auch schon, wo wir hingehen können.«

Wir schafften es dann auch tatsächlich, Hanna und Gerard dazu zu bewegen, für kurze Zeit ihre Umklammerung aufzugeben, und so pilgerten wir gemeinsam ins Café de l'Industrie. Der Spaziergang dahin durch die frische Luft tat uns allen richtig gut.

Wie zu dieser späten Stunde nicht anders zu erwarten, war es natürlich proppenvoll. Hm, da noch einen Tisch zu bekommen, erschien ziemlich aussichtslos.

Aber auch hier waren die Lezard-Brüder offensichtlich bestens bekannt. Gerard redete ein paar vertrauliche Sätze mit einem wichtig aussehenden Typ, wobei ganz dezent ein paar Scheine den Besitzer wechselten, und schon bekamen wir den nächsten frei werdenden Tisch.

Das Café-Restaurant war sehr elegant, alle drei Räume komplett besetzt. Überall hingen Gemälde und historische Gegenstände. Wir aßen Salat mit Hühnerbruststreifen, worauf ich eigentlich gar keinen Appetit hatte. Aber immerhin waren wir Émilie und ihre merkwürdige Begleiterin los.

»Wie kommt Émilie an Charlene?«, wollte ich nun doch wissen.

»Sie sind in derselben Ballettschule«, antwortete Gerard. »Woher kennst du Charlene?«

Auch Hanna sah mich fragend an. Scheinbar hatten die beiden Turteltäubchen null und nichts von dem Zickenterror mitbekommen.

Bevor ich antworten konnte, schaltete sich Philippe ein. »Wir haben die beiden eben im Pop in getroffen, ganz zufällig.«

»Und warum sind sie nicht mitgekommen?«, wollte Gerard wissen.

Gott bewahre, dachte ich, und Philipp griff noch einmal zu einer Notlüge. »Sie waren grade erst angekommen und froh, endlich drin zu sein …«

Das leuchtete ein, Gerard gab sich zufrieden und fütterte Hanna mit Salatblättern, bis sie schließlich seinen Arm mit der Gabel zurückschob und meinte: »Hör auf, Gerard, ich bin nicht die Ziege aus dem Märchen der Gebrüder Grimm. Ich hab jetzt genug von den Blättlein!«

Und weil Gerard den Witz nicht verstand, erzählten wir den beiden Jungs mal kurz »Das Märchen vom Tischlein deck dich«. Natürlich amüsierten sie sich weniger über die Ziege als über den rüden Spruch vom Knüppel aus dem Sack, der zum Running Gag des Abends wurde.

»Du hast doch auch 'ne Klatsche«, sagte ich zu Hanna, »so was zu so später Stunde zu erzählen, wo die Jungs beide schon einen im Tee haben. Ist doch klar, dass die da gleich an was Versautes denken.«

Okay, machte ich also den nächsten ablenkenden Vorschlag. Wenn Jungs heiß laufen, musste man sie zum Abkühlen auf eine Tanzfläche schleifen. »Lasst uns noch einmal zum Abschied in den Panic Room gehen. Das war so super.«

Da alle dieser Meinung waren, zahlte Philippe mit der Kreditkarte und wir gurkten mit letzter Kraft in den Panic Room rüber. Dort blieben wir, bis uns das Bewusstsein verließ.

Jedenfalls so ungefähr. Noch so eine Nacht und ich lege mich freiwillig in die Katakomben von Paris. Ich brauche dringend mal Ruhe und am besten einen todesähnlichen Schlaf, sonst speie ich auf dem Rückflug garantiert den ganzen Flieger voll und das ohne Höhenangst.

15. TAG

SAMSTAG · samedi

Merde! Morgen fliegen wir schon nach Hause. Ich glaube es nicht. Die Zeit ist so rasend schnell vergangen.
Also okay, das macht es auch nicht besser. Nur noch ein Tag, der bleibt. Das heißt, dass der noch mal ganz megatoll werden muss.
Danach sieht es aber grade gar nicht aus.

Ich spülte das karge Frühstück, an das ich mich immer noch nicht gewöhnt hatte, mit Café au lait herunter und wurde dann von Hanna schlicht versetzt.
»Mila, du verstehst doch sicher, dass ich heute noch mal ein bisschen Zeit mit Gerard alleine verbringen möchte, nicht wahr? Also, es geht nicht gegen dich, versteh mich da bitte nicht falsch … es … es ist …«
»Die Liebe! Ja, ich weiß«, sagte ich Verständnis heuchelnd. »Macht nur, ist doch klar, habe ich mir eh schon gedacht. Ich hab auch was vor.«
Hanna sah mich fragend an, dann zwinkerte sie mir zu, ein Einverständnis annehmend, das gar nicht vor-

handen war, und meinte: »Ach, wie schön, dann wünsche ich dir auch viel Spaß.«
Na, wenigstens hatte sie nicht »mit Philippe« gesagt. Aber gedacht hatte sie es bestimmt. Dabei war da gar nichts und ich hatte auch keine Verabredung mit ihm. Leider. Gebe ich ja zu.

Für den Abend allerdings darf ich hoffen, denn da wollen Gerard und Philippe uns in einen der angesagtesten Clubs von Paris einladen. »Versprochen!«
Wow! Das wäre ja mega!
In einen solchen reinzukommen, ist nämlich gar nicht so einfach. Jedenfalls braucht man bei den Discos und Clubs, die »branché« sind, nicht nur das nötige Kleingeld und ein passendes Outfit, sondern zuallererst mal gute Connections.
Während man bei den Discos an der Bastille vor allem Stehvermögen beweisen muss und in die Jazzkneipen wirklich auch noch der letzte Clochard Einlass erhält, weil die einfach eine kulturelle Institution für jedermann sind, gibt es an den strengen Türstehern der Nobeldiscos, wie zum Beispiel des Le Baron, praktisch kein Vorbeikommen für unsereins.
Umso gespannter bin ich natürlich auf den heutigen Abend, zumal die Jungs sich einen Spaß daraus gemacht haben, den Namen der Location vor uns geheim zu halten.
»Überraschung«, hatten sie wie aus einem Mund gesagt.

Zeit totschlagen mit überraschender Begegnung

Nun gut, für den Abend war gesorgt, aber was machte ich denn nun Geniales mit dem angefangenen Tag?

Ich begann zunächst, meine Klamotten zusammenzusammeln und schon mal einiges in den Koffer zu packen. Aber dabei kriegte ich voll die Depressionen und mir fiel förmlich die Decke auf den Kopf.

Es war später Vormittag und auf dem Weg zum Bad stieß ich im Flur mit Émilie zusammen, die mich mal wieder keines Blickes würdigte und sofort in ihr Zimmer verschwand. Na, dann nicht, dachte ich. Jetzt, am letzten Tag, würden wir beide auch keine Freundinnen mehr werden. Schon gar nicht nach der unerfreulichen Begegnung gestern in der Disco.

Ich bürstete mir durch die Haare, holte Jacke und Rucksack aus meinem Zimmer und beschloss, zum Marché aux Fleurs, dem Blumenmarkt auf der Île de la Cité, zu gehen und dort einen schönen Blumenstrauß für Blanche zu kaufen. Als kleines Dankeschön, weil sie mich so nett in ihrer Familie aufgenommen hatte, obwohl ich doch nur Hannas Freundin (und beschäftigungslose Anstandsdame!) war. Das deutsche Kochen hatten die Jungs, Gott sei Dank, vergessen, und ich würde den Teufel tun, sie daran zu erinnern. War jetzt eh zu spät.

Ich wanderte durch die Häuserschluchten und

verspürte plötzlich Sehnsucht nach etwas Grün. Vielleicht sollte ich erst mal einen kleinen Abstecher zum Jardin du Luxembourg machen, bevor ich die Blumen kaufte. Gedacht, getan. Nachdem ich dort zunächst ein wenig rastlos herumgepilgert war, entdeckte ich zufällig einen überaus romantischen Ort: Unter hohen Platanen versteckt lag ein Brunnen, dessen Wasser sich leise plätschernd in ein schmales längliches Becken ergoss. Ich schlenderte, sofort von der beruhigenden Stimmung eingefangen, gelassen darum herum, um mir die Skulptur in der Mitte etwas genauer anzusehen, als ich unwillkürlich stutzte. Auf einer schmiedeeisernen Bank ganz in der Nähe saß eine schmale Gestalt mit langen schwarzen Haaren, die mir bekannt vorkam. Émilie!

Aber warum hockte sie hier so alleine und zusammengekauert? Sie wirkte unnahbar, wie eigentlich immer, aber heute hatte ich den Eindruck, als ob sie einsam und traurig wäre.

Ich blieb stehen und schaute unauffällig zu ihr rüber. Was machte ich denn nun? Ich war mit ihr ja wirklich nicht so dick, dass ich mich in ihr Privatleben einmischen musste. Wenn sie irgendeinen Kummer hatte, dann war das ganz allein ihr Ding und ging mich gar nichts an. Hm ... andererseits wirkte sie so ... so ... zerbrechlich und hilfsbedürftig ...

Aber, mein Gott, so wirkte sie ja eigentlich immer, das war ja auch eine Masche von ihr. Bestimmt ging es ihr prima, und ich interpretierte mal wieder alles falsch. Mit meiner Menschenkenntnis stand es manchmal wirklich nicht zum Besten. Ehe ich mal wieder in ein Fettnäpfchen trat, machte ich lieber kehrt und ging gar nicht erst an ihr vorbei.

Doch in dem Moment, als ich das beschloss, hob sie den Blick, den sie bisher auf den Boden gerichtet hatte, und schaute mich direkt mit ihren übergroßen dunklen Augen an. Es schimmerten – unübersehbar – Tränen darin.

Nun ja, ich mal wieder! Mila ganz Bauch und Seele ...

Ich machte also spontan ein paar Schritte auf die Bank zu, pflanzte mich neben Émilie und legte beschützend meinen Arm um sie. Voll bescheuert natürlich, denn sie versteifte sich bei der Berührung sofort. Aber nur im ersten Augenblick, dann sank sie wieder wie ein Häufchen Elend in sich zusammen.

»Was ... was ist denn?«, fragte ich besorgt. »Geht es dir nicht gut, Émilie? Wenn ich dir irgendwie helfen kann ...«, sagte ich leise und dachte überhaupt nicht daran, dass ich automatisch deutsch sprach.

»Non, merci«, antwortete sie mit seltsam brüchiger Stimme auf Französisch. »Es ... es ... ist nichts, wirklich ...«, und dabei liefen ihr unaufhaltsam die Tränen über ihre blassen Wangen.

»Aber das stimmt doch nicht, Émilie«, bemühte

ich mein Schulfranzösisch. »Du kannst es mir ruhig sagen, ich behalte es für mich, wirklich … top secret …«

Sie schwieg.

»Hast du Liebeskummer?« Konnte ja sein, dass sie gestern in der Disco einen Typ kennengelernt hatte, der ihr heute schon wieder den Laufpass gegeben hatte, solche Ärsche gab es sicher auch in Frankreich!

»Ami perdu?«

Mein stümperhaftes Französisch entlockte ihr trotz allen Kummers ein zaghaftes Lächeln, doch sie schüttelte erneut den Kopf.

»Non, kein Liebeskummer … oder doch … es geht um eine Liebe, eine große, tiefe Liebe … aber nicht zu einem Mann.«

»Oh, une amie … hat sie dich enttäuscht?« Wenn es um die Zicke Charlene von gestern Abend ging, dann war die meiner Ansicht nach keine einzige Träne wert. Aber ehe ich mit dieser Vermutung konkreter werden konnte, schüttelte Émilie noch einmal den Kopf, um mir dann stockend zu eröffnen, dass es um ihre Liebe zum Ballett ging, dass es ihr ganzer Traum war, einmal genau wie ihre Mutter eine bekannte Ballerina zu werden. Der aktuelle Grund für ihre Verzweiflung war, dass sie sich bei dem Ballet de l'Opéra de Paris an der Garnier-Oper beworben hatte und auch zur Aufnahmeprüfung zugelassen worden war.

»Wenn man da angenommen wird, dann bekommt man automatisch Rollen in großen Produktionen und studiert zugleich an der hauseigenen Ballettakademie, der École de danse de l'Opéra in Nanterre. Das ist nicht weit von Paris und alle, die im Ensemble der Pariser Oper tanzen, kommen von dieser Schule.«

»Ja, aber dann ist es doch toll, dass du zu dem Casting zugelassen worden bist.« Ich verstand ihren Kummer nun noch weniger. Aber dann erzählte sie mir, dass sie die ganze Woche über an einem anstrengenden Auswahlworkshop teilgenommen hatte und heute Morgen noch eine theoretische Abschlussklausur schreiben musste.

»Das Praktische habe ich ja noch ganz gut geschafft«, meinte sie und begann bei den nächsten Worten wieder zu schluchzen. »Aber diese Klausur, die habe ich bestimmt vollkommen verhauen. Die haben gefragt, wer die Oper gegründet hat und wie viel Fördermittel sie vom Staat bekommt und dann Fragen zur Ballettgeschichte … ich, ich hab kaum was gewusst … dabei habe ich doch so viel gelernt, aber mein Kopf war wie leer gefegt …«

Hm, vielleicht sollte man vor solchen Prüfungsklausuren nicht noch nachts in Discos abhängen. Oh, hatte ich das jetzt laut gesagt? Émilie brach in ein geradezu hysterisches Schluchzen aus.

»Ja, du hast ja recht, es war idiotisch, vor einem so wichtigen Termin, aber Charlene hat mich förmlich gezwungen, sie … sie ist so scharf auf Philippe … und ich habe ihn dir nicht gegönnt …«

»Aber Émilie, ich habe doch einen Freund in Deutschland, er heißt Markus und ich will überhaupt nichts von Philippe …«

Sie schluckte. »Wirklich nicht?«

»Nein, wirklich nicht. Du hättest besser für deine Prüfung gelernt.«

Sie nickte mit betretenem Gesichtsausdruck. Nun tat sie mir wieder leid.

»Ist es denn sicher, dass du den Test vergeigt hast?«, versuchte ich sie mit einem Mila-Mix aus Radebrech und Körpersprache ein wenig aufzubauen. »Und wie viel zählt denn so eine Klausur überhaupt? Bestimmt hast du ganz wunderbar vorgetanzt … das reißt es doch sicher raus …«

Ich reichte ihr ein paar Papiertaschentücher, die sie dankbar annahm. Sie wischte sich Rotz und Tränenreste aus dem Gesicht.

»Komm«, sagte ich und zog sie von der Bank hoch zur Fontaine. Dort fing sie Wasser mit den Händen auf und kühlte damit ihre heißen Wangen.

»Du schaffst das«, sagte ich zuversichtlich und nun von meinen Worten auch wirklich überzeugt. Schließlich war ihre Mutter eine sehr bekannte Ballerina gewesen. Da lag doch das Talent garantiert in der Familie.

»Du wirst eine wunderbare Ballerina … du bist einfach dafür geboren.«

»Findest du?«

»Ja, das ist meine ehrliche Meinung und ich wünsche dir ganz viel Glück …«

»Merci, Mila, du bist eine amie très gentile, obwohl ich nicht nett zu dir war, sagst du so etwas und tröstest mich ...«

Wir liefen eine Weile schweigend nebeneinander her. Dabei hatte ich mit ihr doch noch über Hanna und Gerard sprechen wollen. Aber das war irgendwie zu kompliziert. Und ich wollte mit meinem Talent für Peinlichkeiten auf keinen Fall was Falsches sagen. Als wir das Haus der Lezards erreichten, ging Émilie sofort ohne ein weiteres Wort auf ihr Zimmer, wo sie sich einschloss.

Ich klopfte bei Hanna und sagte Gerard, dass seine Schwester wohl ein bisschen Beistand brauchen könnte. Er sah mich fragend an.

»Ihre Prüfung«, murmelte ich und bekam sofort ein schlechtes Gewissen. Hätte ich das jetzt nicht sagen dürfen? Vielleicht wusste ja niemand etwas von Émilies Bewerbung? Ich traute ihr durchaus zu, dass sie alles heimlich gemacht hatte. Ich gab Hanna einen Kuss auf die Wange und verschwand mit den gemurmelten Worten: »Ich muss noch mal weg, hab was vergessen.« Das stimmte ja auch. Ich musste ganz dringend noch den Blumenstrauß holen, bevor der Markt schloss.

Als Philippe am Spätnachmittag nach Hause kam, drehte sich bei ihm alles um Émilie.

»Es ist ihr Traum, dafür lebt sie. Sie hat sich durch die Schule gequält, aber nun will sie endlich das tun, wofür sie sich berufen fühlt.«

»Sie wird das Talent eurer Mutter geerbt haben«, sagte ich. »Sie wird es schaffen, wenn nicht jetzt, so doch irgendwann ... wenn sie es wirklich will, wird es auch klappen.« Das sah Philippe ganz genauso.

»Sie hat einen starken Willen in ihrem zarten Körper.«

Oh ja, das hatte ich gemerkt, so zickig wie sie Hanna und mich die ganze Zeit behandelt und ihre vermeintlichen Rechte an ihren Brüdern gegen uns verteidigt hatte.

»Wenn sie diesen Willen für etwas Positives einsetzt«, sagte ich aus diesem Gedanken heraus, »dann kann sie Großes erreichen.«

Philippe sah mich ganz merkwürdig an. »Ich liebe es, dass du das sagst und wie du es sagst. Schade, dass sie nicht erkannt hat, was für ein Mädchen du bist und wie groß dein Herz ist.«

Ach, das war mir egal, wenn nur er es gemerkt hatte ...

»Es ist schön, dass ich dich kennenlernen durfte, Mila«, sagte er sehr sanft und dabei sah er mich mit so viel Liebe in seinem Blick an, dass mein großes Herz sich krampfhaft zusammenzog. Das tat weh, weil ich dieses Liebe von ihm doch gar nicht annehmen durfte ... Weil ich doch an Markus vergeben war ...

Jetzt sitze ich hier und versuche, meine Gedanken zu sortieren, aber es will mir nicht gelingen.

Doch eins ist mir klar: Morgen fliegen wir nach Hause und Philippe bleibt unwiderruflich hier in Paris zurück. Was immer heute noch geschieht, trägt unweigerlich den Abschied in sich …
Ich bin trauriger, als ich es je für möglich gehalten hätte … Ach, Paris, du Stadt der Liebe … Mon amour … du hast mein Herz besetzt … wie kann ich dich je wieder loslassen?

SAMSTAGABEND · samedi soir

Wenn es Nacht wird in Paris

Gerard und Philippe hatten es, vermutlich mit der Hilfe ihrer Eltern, geschafft, dass wir über eine Restaurant-Reservierung wenigstens in eine der Nobeldiscos hineinkamen. Das war ihre Überraschung für unseren letzten Abend und die war gelungen! Sie brachte mich sofort auf andere Gedanken und vor allem in eine super Partystimmung. Das Cab lag nicht weit vom Haus der Lezards entfernt an der Metro-Station *Palais Royal/Louvre*. Das Cab heißt eigentlich Le Cabaret und hat eine wahnsinnig lange Tradition. Es ist aber völlig modernisiert und supertrendy. Gar nicht plüschig, wie der Name denken lässt, sondern eher so wie das neue Logo: cab. Cool, abgefahren, brillant! Die Lounge ist schlicht, aber alles wirkt irgendwie modern und exklusiv und am geilsten ist die Tanzfläche, die wie eine Startbahn beleuchtet ist. Wir wurden allerdings erst mal im Restaurant geparkt und machten nach dem Dîner noch einen kleinen Abstecher in eine der beiden Bars.

Ab 23 Uhr strömten uns die richtigen Partypeople entgegen. Gott, waren die aufgebrezelt und was sahen die prominent aus – waren einige von denen bestimmt auch.

Es war ja so erhebend, nun selber zwischen denen zu stecken … OMG! Ich hab mir in dem Moment geschworen, meinen 18. Geburtstag, den feiere ich hier und dann lass ich es krachen. Das sah Hanna ganz genauso. Ich tanzte mit Philippe noch mal fast bis zum Umfallen, und als wir zu Fuß nach Hause gingen, tanzte ich mit Hanna singend vor den anderen her. Barfuß, meine High Heels in der Hand. Die Abendluft war einfach köstlich nach der Disco, so erstaunlich mild, sodass man selbst ganz weich wurde …

Mir ging ein Song von Edith Piaf nicht mehr aus dem Kopf und ich versuchte ihn auf die Reihe zu kriegen. Er war im Restaurant zu Canard à l'orange im Hintergrund gelaufen … nicht wirklich passend.

Aber jetzt, jetzt passte er. Und als ich die erste Zeile sang, erkannte Hanna ihn und wir sangen zusammen weiter. Also sie den Text und ich mehr die Melodie … äh … nein … umgekehrt … nein … auch nicht … also gut, ich gab mir Mühe bei beidem und Hanna sang es richtig – Text und Melodie. Sie kann es ja auch beides: Singen und Französisch!

»Ce soir, il y a bal dans ma rue.
Tout l'monde se sent un peu ému.
Peut-être bien qu'on a trop bu.
Il y a bal dans ma rue.«

»Du hast auch einen kleinen ... wie sagt man, Schwips?«, sagte Philippe lachend zu mir. »Aber es ist egal, mach die Straße ruhig zu deinem Ballsaal ... ich warne dich früh genug, wenn ein Flic auftauchen sollte.«

Wir schlenderten nun an der Seine entlang und auch heute schlief Paris wieder mal nicht. Unaufhörlich flutete der Verkehr an uns vorbei und über die Seine-Brücken. Aber es war dennoch schön, über das schwarze Wasser, in dem sich die Lichter der Kandelaber spiegelten, hinweg die prachtvoll illuminierten historischen Gebäude auf der anderen Seite zu sehen. Am eindrucksvollsten war natürlich der Louvre mit seiner glitzernden Glaspyramide.

Ein erleuchtetes Boot zog zu einer Fahrt durch das nächtliche Paris an uns vorbei und brachte die Jungs sofort auf die Idee, am nächsten Anleger für uns auch noch schnell eine solche Tour zu buchen.

Was für ein romantischer Einfall! Es war wirklich zauberhaft. Wir vergaßen die anderen Menschen um uns herum völlig, und es war ein großartiges Erlebnis, die Stadt nun vom Wasser aus so fantastisch illuminiert zu sehen. Ich lehnte an Philippes Schulter und er legte seinen Arm um mich.

Il est entré dans mon cœur …

sang Edith Piaf aus dem Bordlautsprecher ihr »La vie en rose«. Und hier passte es nun, denn auch mir erschien das Leben, wenn nicht rosa, so doch mindestens pink.

Später strich Philippe über mein Haar und wir küssten uns. Einfach so ... es war wunderschön und gehörte ganz selbstverständlich dazu und keiner von uns würde je wieder darauf zu sprechen kommen. Es geschah, weil es geschehen musste ... weil wir einen Grad an Vertrautheit erreicht hatten, bei dem man das einfach tat ... ohne verliebt zu sein, ohne mehr zu wollen, einfach aus einer tiefen inneren Zuneigung heraus. Und dabei sollte es auch bleiben. Aber mein Herz klopfte wie verrückt.

Et dès que je l'aperçois
Alors je sens en moi
Mon cœur qui bat.

SAMSTAG UM MITTERNACHT
samedi à minuit

Ich verfluche diesen Kuss nicht, nein, aber ich trage ihn mit mir herum wie eine schwere Bürde.
Ich habe Markus betrogen … oder nein … ich habe ihn nicht betrogen … weil ich ja gar nichts gemacht habe … ich habe nichts dazu beigetragen … Es ist

einfach geschehen … aber dennoch habe ich nun ein schlechtes Gewissen. Und es ist niemand da, mit dem ich darüber sprechen könnte.
Ich sitze vor meinem Sudelbuch und traue mich kaum, hier reinzuschreiben, was mich so aufwühlt. Es ist die Moral, würde Philippe sicher sagen, die Moral der anderen, die nicht deine Moral sein muss. Du hast nichts Schlechtes getan, nichts, was du dir vorwerfen müsstest … und wie ich das jetzt schreibe, spüre ich seinen Atem noch auf meinen Lippen, die Sanftheit seines Mundes, die Wärme der Berührung …
Oh Scheiße, Scheiße, Scheiße … ich muss das vergessen!
Moral hin, Moral her – ich habe einen Freund und ich kann einfach – ich darf einfach keinen anderen Jungen küssen … schon gar nicht, wenn dieser Junge gar kein Junge mehr ist, sondern schon ein Mann … ein bisschen jünger zwar … aber so, wie es Piwi war … OMG, jetzt nicht auch noch der! Den hatte ich doch auf Mallorca endgültig abgefrühstückt.
Also, okay:
Ich habe einen Mann geküsst. Nachts auf einem Boot. Unter uns die Seine und neben uns auf der einen Seite die erleuchteten Fontänen des Trocadéro und auf der anderen Seite der illuminierte Eiffelturm, der wie eine riesige Kerze in den Himmel ragte. Eine Nacht wie für eine romantische Begegnung geschaffen – ich konnte mich dem nicht entziehen. Nicht in dieser Stadt, die eine Stadt der Liebe sein soll. Paris, mon amour …
Ich werde dich nicht vergessen, denn ich habe erfah-

ren dürfen, wie die Liebe hier schmeckt … bittersüß und sie duftet nach herbem Männerparfüm, nobel, nachdenklich und betäubend. Sie schmeckt reifer hier als in Deutschland.

Darum werde ich wiederkommen … immer wieder … um zu testen, ob sie stets gleich schmeckt, die Liebe hier, oder immer neu … das nächste Mal bringe ich Markus mit. Er muss die Pferde Pferde sein lassen … wenn er mich will, muss er mitkommen, um mich zu küssen … hier in einem Boot … oder auf einer der Brücken … der Pont Alexandre III. vielleicht … oder auf dem Eiffelturm … auf den Stufen von Sacré-Cœur … am Grab von Heinrich Heine … Ach, eigentlich überall.

Denn in Paris wird die Liebe immer genau da sein, wo er und ich sein werden. Das ist der ganze Mythos dieser Stadt.

Au revoir, Paris – Ich komme wieder!

NACHTRAG

SONNTAGABEND

Ich bin wieder zu Hause.

Der Abschied war herzlich … selbst Émilie rang sich eine Umarmung und ein Lächeln ab, sodass ich mich dazu verstieg, sie zu mir einzuladen, was sie mit einem säuerlichen Grinsen und einem gehauchten »Merci, très gentil« quittierte.

Diesmal flog Gerard mit uns. Denn er musste am Montag ja wieder in Potsdam zur Uni.

Ich warf noch einen letzten Blick auf Philippe, der mir mit einer unglaublich lässigen Handbewegung zuwinkte. Als ich die Kontrollen durchschritt, hatte ich noch einmal Edith Piaf im Ohr:

J'ai jamais rien à déclarer … L'amour, comme moi, part en voyage

Ich hatte ebenfalls nichts zu deklarieren, außer der Liebe, die ich mitnahm, als Teil meiner Reise …

Es gab kein Gewitter und auch sonst keine Probleme auf dem Flug, und als wir in die Ankunftshalle des Airports traten, stand dort Markus und schloss mich in seine Arme. Woher hatte er denn meine genaue Ankunftszeit gewusst? Ich hatte in all meiner Aufregung ganz vergessen, sie ihm zu schreiben.

»Intuition«, grinste er und gestand mir dann, dass er schon den ganzen Tag in der Ankunftshalle campiert hatte, um jeden Flieger aus Frankreich abzupassen.

»Du bist verrückt!«, sagte ich, worauf er den Kopf schüttelte und grinsend meinte: »Nein, aber ich habe dich so schrecklich vermisst!«

Zitiert werden Zeilen aus:
»Bal dans ma rue« von Edith Piaf
»La vie en rose« von Edith Piaf

Minte-König, Bianka:
Milas Ferientagebuch: Paris
ISBN 978 3 522 50319 8

Einbandgestaltung: Maria Seidel unter Verwendung
eines Fotos © 2010 Constantin Film Verleih GmbH
Schrift: Veljovic, Flyerfonts Hardcore
Satz: KCS GmbH, Buchholz/Hamburg
Reproduktion: HKS-Artmedia
Druck und Bindung: CPI – Ebner & Spiegel, Ulm

5 4 3 2 1° 12 13 14 15

www.planet-girl-verlag.de
www.biankaminte-koenig.de

ANHANG

Übersetzung Liedtext S. 224

Heute Nacht wird getanzt auf unserer Straße
Jeder ist ein wenig erregt
Und vielleicht auch beschwipst
Bei diesem Ball auf unserer Straße.

Übersetzung Liedtext S. 225

Sobald ich ihn nur sehe
Fühle ich in mir
Mein Herz, wie es schlägt.

Leseprobe aus

Milas Ferientagebuch: Mallorca

Sechs Wochen Ferien und davon vier bei einem coolen Schreibworkshop auf Mallorca! Da könnte ich doch glatt die Muse knutschen! Das ist wirklich sensationell! Was bin ich für ein Glückspilz! Ich kann es kaum fassen! Immer noch nicht, obwohl ich jetzt tatsächlich auf dieser tollen Insel bin und vor mir das unglaublich blaue Meer glitzernd in der Sonne liegt.

Da habe ich nur aus Jux mit einem »Liebesgedicht« bei einem Schreibwettbewerb im Internet mitgemacht und dann komme ich auch noch völlig unerwartet in die Endrunde und darf an diesem Workshop teilnehmen. Alles gesponsert von einem großen Jugendbuchverlag, der Jungautoren damit fördern will. Auch mich, Mila Schnauze, die vorlaute angehende Schriftstellerin und Songtexterin. Äh, ja …

Das will mir immer noch nicht so ganz in meinen Kopf rein. Aber da ist dieses Meer vor meinen Augen und dieser südlich-süße Duft ... dieses Licht ...

Und in mir ein Gefühl, als könnte ich jeden Moment abheben ... schweben, als würde sich hier das ganze Leben in einer unglaublichen Leichtigkeit auflösen.

Mein Freund Markus war allerdings etwas traurig, dass ich nun den größten Teil der Sommerferien nicht bei ihm auf dem Reiterhof verbringen kann. Das finde ich auch wirklich sehr, sehr schade, aber natürlich muss ich das jetzt machen: Schreibwerkstatt auf Mallorca! So etwas würde ja wohl niemand absagen, der nicht einen beträchtlichen Schaden hat. Also bei aller Liebe zu Markus!

Meine Eifersucht auf Vanessa verdränge ich jetzt mal, obwohl die garantiert wieder mit ihren Freundinnen vom Reitklub auf dem Hof rumhängen und ihre Griffel nach Markus ausstrecken wird. Ein gewisses Risiko ist das schon, wo sie doch grade mal wieder keinen Freund hat. Aber wie heißt es so schön: no risk – no fun!

Und Markus kann mir schließlich auch einfach mal nur treu sein! Ohne Wenn und Aber. Bin ich ihm ja schließlich ebenfalls. Habe es mir jedenfalls fest vorgenommen. Ich seufze, ja, diese Trennung ist wirklich hart. Er wird mir fehlen und das süße Fohlen, dessen Patin ich bin, ebenfalls ...

Meine Mutter allerdings ist ganz froh, dass sie ihre Mila-Maus mal eine Weile los ist und ich ihr nicht permanent auf den Nerven herumtrample. Was übrigens auf Gegenseitigkeit beruht. Ich meine, ich kann auch mal ganz gut ohne sie und ihren Frisiersalon auskommen. Nein, meine Mama ist schon okay, aber von der Arbeit immer total gestresst und darum, sagen wir mal ... etwas anstrengend. Ich aber auch und deshalb ist es für uns beide eine prima Sache, dass ich mal eine Weile von zu Hause wegkomme.

Außerdem sind Ferien zur Erholung von Eltern, Schule und selbst den besten Freunden absolut wichtig, denn danach fängt man so richtig erfrischt wieder neu an ... mit seinen alten Problemen!

Der Workshop findet auf einer Finca statt, die im Nordosten der Insel Mallorca liegt. Eigentlich ist Finca der Ausdruck für ein Stück Land, aber inzwischen meint man damit eine ländliche Datsche ... ähm, ja, die kann dann auch mal etwas größer ausfallen, so wie die von Boris Becker oder dem Maschmeyer: villenartige Paläste mit unendlich viel Land drumherum ...

Übrigens, eins gleich vorweg: vergesst Ballermann und Sangriaeimer. Hier wird nichts Alkoholisches mit riesenlangen Strohhalmen aus Plastikbottichen geschlürft. Nein, alles ganz gepflegt. Das geht auf dieser Insel offensichtlich auch. Ich sag doch, immer und überall nur blöde Vorurteile! Wie bei meinem Mathelehrer Rumpelstilzchen in Bezug auf mich. Aber lassen wir das, der passt ja nun gar nicht hierher! Die Sonne scheint so prächtig vom strahlend blauen Himmel, dass sofort absolutes Sommer-Sonne-Ferien-Feeling bei mir aufgekommen ist. Jeder Gedanke an Schule ist da absolut fehl am Platze.

Ich bewohne ein kleines Zimmer mit Bett, Schrank, Schreibtisch, Lesesessel und Dusche/WC im ersten Stock der Finca. Im modernen Landhausstil eingerichtet. Ganz gemütlich, finde ich. Es hat sogar einen kleinen Balkon mit noblem Säulengeländer, von dem aus man das Meer sieht. Das ist total genial und gestern Abend habe ich da noch gestanden und den Sternenhimmel betrachtet.

So habe ich den noch nie gesehen.

Es ist unglaublich, wie viel mehr Sterne man hier sieht als in Deutschland. Einfach, weil die Nacht viel dunkler ist und nicht alles von Straßenlaternen und Neonreklamen überstrahlt wird. Wie ein flimmerndes, flirrendes Band funkelten die Milliarden Sterne und Galaxien der Milchstraße über mir. Ich war total überwältigt. Wie schön wäre es gewesen, wenn Markus neben mir gestanden hätte, um dieses Wunder mit mir zusammen zu erleben. So romantisch!

Aber jetzt bloß keine Sentimentalitäten!

Die erste Begegnung mit den anderen Teilnehmern des Schreibworkshops fand bei einem »Welcome Drink« am Nachmittag nach meiner Ankunft statt.

Wir waren alle individuell angereist und durften uns vom Flughafen in Palma mit einem Taxi zur Finca bringen lassen. Eine nette Haushälterin mit dem Namen Catalina begrüßte mich, war aber der deutschen Sprache nicht mächtig, wie ich umgekehrt der ihren ja auch nicht.

»Hola! Qué tal?« Hm, war das jetzt Spanisch oder Mallorquin? Sich bedanken konnte nie schaden, also antwortete ich mit »Muchas gracias«, was offensichtlich nicht verkehrt war, denn sie lächelte freundlich.

Ein schweigsames Hausmädchen führte mich in mein Zimmer. Das habe ich ja schon beschrieben.

Was ich nicht erwähnt habe, war der leckere Tapas-Imbiss, der dort auf mich wartete. *Tapas* sind kleine spanische Snacks und jedem Burger vorzuziehen: Datteln im Speckmantel, *Pimientos de Padrón*, das sind winzige gebratene grüne Paprikas, frittierte Tintenfischchen, die man *Chipirónes* nennt, Hühnchenflügel, frische Feigen, Ananas, Wasser und O-Saft. Dazu *Barra*, ein rustikales Baguette, grüne und schwarze Oliven, die hier seltsamerweise *Aceitunas* heißen und *Allioli*, eine Knoblauchmayonnaise. Ja, Knoblauch, also wer das nicht mag, ist hier etwas verloren ... Diese Kombi gibt es hier nämlich zu fast jeder Mahlzeit.

Nein, Quatsch, geht natürlich auch ohne Knoblauch. Aber ich habe es sehr cool gefunden, wie alles so hübsch auf dem Tischchen in meinem Zimmer stand ... und dann war ich ja auch ziemlich ausgehungert und habe die Häppchen regelrecht verschlungen, da war mir der Knoblauch egal. Die Kultcurrywurst von der *Sansibar* auf Sylt im Air-Berlin-Flieger reißt ja nicht ein ganzes Mittagessen raus.

Stimmt, ich leide nicht eben an Magersucht, genau gesagt esse ich sogar ausgesprochen gerne und probiere auch vieles aus. Also diese Tapas ... göttlich, zum Reinsetzen ... äh ... Reinstopfen.

Ich habe einfach den Tisch auf meinen kleinen Balkon geschoben, Stuhl daneben und geluncht wie Gott in Frankreich. Nein, falscher Spruch ... heißt doch:

Freu dich, du bist in Spanien!

Habe ich also auch echt gemacht.

Außerdem war ich ganz furchtbar neugierig auf den Schreibworkshop und die anderen Kursteilnehmer ... äh ja ... meine Güte, es sind auch *Jungs* hier!

Muss man ja nicht totschweigen. Das ändert natürlich nichts an Markus und mir. Ist aber doch lustig, lustiger als ohne, behaupte ich jetzt mal so.